はじめに

「キャンプ」と聞いてどんな事を想像しますか？

今の時代、お金を払えばいろんな物が手に入ると思います。

おいしい料理を食べたくなれば高級料理店に行けばいいですが、

キャンプには家族や仲間と一体となったすばらしい感動や出会いがあります。

家族みんなで、仲間や好きな人といっしょに

大自然のなかで同じ時間を過ごしてみませんか。

きっとお金では買えない、大切な絆ができることでしょう。

マナー、ルールを守り、けがのないように

楽しいキャンプを過ごしていただければと思います。

赤井賢一

CONTENTS －もくじ－

『家族・親子アウトドア・キャンプ入門』

はじめに……2

PART 1　ようこそ、アウトドアの世界へ……7

- せっかくの休日、家族がバラバラなのは残念!?……8
- 子どもが望んでいること。それは家族みんなでアウトドア……10
- 戸外へ出ること。すなわち、散歩だって立派なアウトドア！……12
- お弁当持参のピクニックで、アウトドアを満喫する……14
- ピクニックに成功したら、次はいよいよキャンプにチャレンジ！……16
- 現代のキャンプ場。まさに初心者大歓迎！……18
- キャンプ道具はめんどう？……20
- キャンプこそ、家族みんなが楽しめる趣味。その理由とは？……22
- キャンプ場デビューは重要。行く前に知っておきたいコツとは!?……24

PART 2　まずは、デイキャンプからはじめよう！……27

- 超 初心者に最適なキャンプ場とは!?……28
- 初心者はデイキャンプからはじめよう！……30
- チャレンジ・ザ・はじめてのデイキャンプ 初級編……32
- アイテム導入で快適度アップ！デイキャンプ 中級編……34
- ツーバーナーと相性がばつぐん！　はじめてでもかんたんおいしい鉄板焼き料理……36
- 快適アイテムをランクアップ！デイキャンプ 上級編……40

CONTENTS －もくじ－

タープがあれば、こんなにも変わる……42
野外料理の強い味方"炭"を使ってレシピを増やそう……48
野外料理の定番、BBQの達人になろう！……50
BBQで、ぜひ賞味してほしい4つのレシピ……52
　●タンドリーチキン……52　　●スペアリブ……52
　●キムチうどん鍋……53　　●フライパンひとつでパスタ……53
野外料理の定番"カレーやBBQ"が好まれる理由を知ろう!?……54
デイキャンプを終える……56
撤収の基本。それは『元の状態への復帰』にあり……58

PART 3　キャンプへ行こう！　準備編……61

さあ、お泊まりキャンプに挑戦しよう！……62
最初のお泊まりキャンプで失敗しないための心得……64
はじめてのお泊まりキャンプ。賢いキャンプ場の選び方……66
スケジュール・パターンを考えておこう……68
レンタルもいいけど、やっぱり愛用品となる道具を選びたい……70
キャンプ初心者にとってのベストなテントの選び方……72
テント……74
　●ロッジ型テント　家のような様相の大型タイプ……75
　●ドーム型テント　ポールを湾曲させて本体をつり上げるタイプ……76
テントを設営しよう……77
寝袋（シュラフ）＆シート……80
ランタン……82
あると便利なその他のアイテム……86
クッカー……88
じょうずな荷物の積み方……89

キャンプへ行こう！ 実行編……91

PART 4

- キャンプ場への正しい一歩……92
  - ●必ずチェックする3つのポイント……93
- キャンプ場でのマナー&ルール……94
- あくまでも子どもが主役ということを忘れないために……98
- キャンプ場にある2つのサイト……102
  - ●区画サイト……103　●フリーサイト……103
- フリーサイトで場所を決めるときの留意点……104
- サイトのレイアウトパターン……106
- 安眠への第一歩"寝床作り"……108
- キッチンを設置しよう……109
- 海辺のキャンプ場で快適に過ごす……110
- キャンプのだいご味"たき火"……112
- 寝る前の準備と安眠のためのコツ……116
- 雨の日だって、へっちゃら！……118
- 手際よく後片づけ、そして撤収……120

PART 5

海・川・山 ― 野遊びをしよう……125

- 海で遊ぼう！……126
- ビーチコーミングで芸術家になろう……128
- 海に来たら、潮干狩りにチャレンジしよう……130
- 潮だまりで遊ぼう……134
- 海づりをしよう……136
- つりを終えるときのマナー&ルール……143
- 川遊びをしよう……144
- 流れを利用して遊ぶ……145
- 川の生き物を捕まえよう……148
- 川づりをしよう……152
- 管理つり場でニジマスをゲットしよう……154
- 野遊びをしよう……158

CONTENTS －もくじ－

PART 6

とっておきの野外料理！ダッチオーブン ……… 167
ダッチオーブン料理に挑戦しよう ……… 168
- ●各部の名称と必要なアイテム ……… 169
- ●ダッチオーブンの種類 ……… 170
- ●使うときに注意すること ……… 171
- ●シーズニングとは？ ……… 172
- ●シーズニングの正しい手順 ……… 172
- ●ダッチオーブンのメンテナンス ……… 174

ダッチオーブン料理レシピ ……… 176
- ●「ごはん」にチャレンジ!! ……… 176
- ●ダッチオーブンを使ったごはんの炊き方 ……… 177
- ●さあ、ダッチオーブン料理に挑戦！ ……… 178
  - ・石焼きイモ ……… 178 ・シュウマイ 中華まん ……… 178
  - ・ローストビーフ ……… 179 ・水なし野菜スープ ……… 180
  - ・クレープ ……… 180 ・パン ……… 181 ・ピザ ……… 181

道具のメンテナンス術 ……… 182
- ●テントのリペア方法 ……… 182
- ●シュラフ（ダウン）のメンテナンス方法 ……… 183
- ●BBQグリルのメンテナンス方法 ……… 184
- ●クーラーボックスのメンテナンス方法 ……… 185
- ●クッカーのメンテナンス方法 ……… 185

危険状況の察知とその対処方法 ……… 186
ファースト・エイド ……… 188
危険動物について ……… 190
- ●応急治療の方法 ……… 190

PART 1
ようこそ、アウトドアの世界へ

PART 1　ようこそ、アウトドアの世界へ

せっかくの休日、家族がバラバラなのは残念!?

あれこれ考えても、なにも始まらない。いまこそ、お父さん・お母さんが立ち上がるとき!

　自然の雄大さや美しさは、頭のなかでイメージできるけど、いざ出かけようとすると、つい二の足を踏んでしまう。

　その一番の理由が「なにより疲れそう」だろう。しかし、せっかくの休日にただゴロゴロしていたのではもったいないし、健康にも悪い。家族がバラバラに過ごせば、当然、コミュニケーションも不足になりがち。家族の絆や将来にも不安が…。ここらで、家族みんなで共有できる時間や趣味をつくるために、**お父さんやお母さんが手をたずさえて、家族で楽しめる共通の過ごし方を探しませんか?**

休日はどのように過ごしていますか?
まずはチェック!

ポイント①
休日のお父さん、ゴロゴロしてませんか?

最近「疲れた疲れた」が口ぐせのお父さん。休日は、ずっとテレビの前でゴロゴロしている。何か趣味でもあれば……?

ポイント②
TVゲームでケンカばかり

もっとやらせろ〜

ゲームに夢中の兄妹。
ゲームのようなバーチャルな次元とは違う世界を経験させたくないですか。

ポイント③
平日のお茶会は
グチばかり

休日が待ちどおしくなれば、会話もきっと楽しくなるはず！

何か楽しい過ごし方ないかしら???

うちなんか、みんなバラバラでイヤっ

だけど
休日くらい、こうして
みんなで笑いあいたいよね。
家族なんだから。

少々あきらめ気味のお母さんは、近所のお母さんたちとファミリーレストランでお茶しながらのおしゃべりが日課だ。でも、心の隅では、なんとかしたいと思っていませんか？

そこで、ご提案です！

さあ、インドアから出て、みんなで自然を相手に遊ぼうよ！

アウトドアの魅力は、なんといってもその開放感。そのなかで家族がひとつになれるキャンプは、ステキで最高に楽しい遊びだよ。

PART 1　ようこそ、アウトドアの世界へ

子どもが望んでいること。それは家族みんなでアウトドア

これを知って行動できない親は、お父さん・お母さん失格!?

　アウトドアに向かって、どうしても重い腰があがらないお父さん・お母さんたち。ここにひとつの朗報がある。

　これは、子どもを対象にしたあるアンケート調査の結果である。父親には「早く帰ってきてほしい」「休日には家族みんなで出かけたい（遊んでほしい）」との答えは全体の70％にのぼり、そのなかでも50％以上の子どもは『キャンプやつり、ハイキングに連れて行ってほしい』と答えているのだ。まさに両親冥利に尽きる結果ではないだろうか。子どもは、基本的にお父さん・お母さんといたいのだ。そして、できればいつもとは違う環境で、家族と楽しい時間を過ごしたいと思っているのである。

# 日常と違う環境!? それがアウトドアならとてもステキだと思いませんか

コツのコツ！

まずは、お父さん・お母さんが
おおいに楽しむこと。
「あ〜あ、疲れた」は厳禁。
たとえ言葉などなくても、両親が率先して
いっしょに行動すれば、自然の大切さや素晴らし
さが子どもにも十分伝わるはず。

PART 1　ようこそ、アウトドアの世界へ

戸外へ出ること。すなわち、散歩だって立派なアウトドア！

「目的なく」「時間も距離も適当に」「やめたくなったら引き返す」

　子どもの思いを知って、お父さんのアウトドアへの思いもフツフツとわいてきた。奥さんも何とか協力してくれそう。でも、家族いっしょの行動には、まだ若干の不安が…。そんなときは家族で散歩に出てみるのもオススメだ。家族みんなで歩いてみよう。

　歩きだすと、あれこれと質問してくる。しかし、たとえ答えられなくてもたいしたことはない。子どもの興味は、次から次へとめまぐるしく変わっていく。キャンプ道具満載で出かけること＝アウトドアではないのだ。

キャンプ＝アウトドア。これってまちがい!?

●アウトドアへの第一歩へ出発！

　家族で外に出るときは買い物などの用事のときだけ。知らず知らずのうちに、子どもたちがそう決めこんでいたら悲しい。まずは散歩に誘って、そんな日常から子どもたちを解放してあげよう。

おーい、散歩に行くぞー

みんなでいっしょに行くのよ

えっ、買い物？

子どもは散歩のエキスパート！

●子どもたちのペースに合わせて歩く

子どもは散歩のエキスパート。ただし、本人たちは散歩と思っていなくて、ただの道草の延長としているのかもしれない。だからこそ、大人は子どものペースに合わせる必要がある。また、何かを発見するのも、やはり先手は子どもたちなのだ。

●夜の散歩は神秘ロード

もしも、父親が"ゴロゴロ父さん"で重い腰が上がらないようなら、思いきって『夜の散歩』を提案してみよう。住んでいるところがたとえ大都会であっても、夜は別世界が広がっていて、とてもファンタジックなんだ！

PART 1　ようこそ、アウトドアの世界へ

お弁当持参のピクニックで、アウトドアを満喫する

散歩の次は、手軽に気軽に"ぶらり"と出かけてみよう！

　キャンプの楽しさには、自然のなかでの開放感や遊び、家族みんなで過ごすテントなどのほかに、野外でのクック＆イートがある。
　そこで、散歩の次のステップとして、アウトドア超初心者の家族には、お弁当持参のピクニックがオススメ。これなら、日々、お弁当作りにはげんでいるお母さんもイヤな顔はせずに賛成してくれるだろう。また、これなら敷居が高く感じられるキャンプ場ではなくても、ピクニックシートさえあれば、家族のみんながピクニックアウトドアに満足できる。

大空の下、この開放感を味わおう！

近所の公園へゴー！

　ピクニックには、ちょっと不思議なところがある。それは、大人がいともかんたんに童心に戻ってしまうからである。無意識に、遠足を追体験しているのかもしれない。

車でゴー！
ちょっと遠出

　キャンプと違って、綿密な計画などいらない。ある程度の場所だけ決めたら、後は向かうだけ。その感覚は、必ず子どもにも伝わるよ。

気の向くままに、自由に車を走らせよう！

●気軽さが最大の武器

こんな畑のあぜ道だって、家族で過ごすには最高の場所である。気にいった場所が目に入ったら、農家のおじさん、おばさんに進んでひと声をかけよう。

ピクニックですか。
楽しそうですね

ここでちょっと休憩したいのですが？

●お父さんの秘密小道具

こんな小道具を用意しておくと、現地でお湯を沸かすことができて、食事の時間も格段に楽しくなる。また、お湯を沸かす行為は、立派なアウトドア料理でもある。

わーっ、なにができるの？

まだ、ないしょだよ

コッフェルや固形燃料は、できれば用意しておきたい小道具のひとつだよ。現地でお湯を沸かせたら、お父さんへの尊敬度も急上昇することまちがいなし。

この本はチャート方式に内容を追うことができるんだ。このチャートマークを見つけて、そのページに進んでみよう。必要な情報だけをキャッチでき、わかりやすく、また違った楽しみ方もできるよ！

この道具の詳しい解説は
 チャート　26ページへGo！

15

PART 1　ようこそ、アウトドアの世界へ

ピクニックに成功したら、次はいよいよキャンプにチャレンジ！

キャンプ場こそ、自然を体感できる最高の場所だ！

　キャンプ場と聞けば「自然が豊かな場所にある施設」と、だれもが想像するかもしれない。だから、多少の不便さを強いられることは当然で、そのことが初心者にとっての敷居の高さになっていた。ところが、現在のキャンプ場はといえば、実に様変わりしている。例えば、オートキャンプ場のような施設には、たとえ山のなかにあってもトイレはきれい（もちろん水洗）だし、なかには温泉スパまで併設されていたりする。また、常時係員もいるので、初心者にありがちなトラブルも怖くないのが、今のキャンプ場である。

島国に感謝！海が、山が、近場にこんなにたくさんあるキャンプ場

海辺　難易度 ★★★　楽しさ満載。新鮮な食材もうれしいフィールド

　自然の変化をダイレクトに受けるので、初心者向きではないかもしれない。ただし海水浴につり、磯遊びなど楽しさは満載。おいしい食材もかんたんに手に入るから、食事タイムは最高潮に盛りあがるはずだ。

湖畔　難易度 ★☆☆　夏の定番中の定番。超初心者向けフィールド

　こちらは海辺と違い、超初心者向き。水遊びだってできるし、食べておいしい魚がつれたりもする。早朝、テント内に入りこんでくる湖畔からの風は、なによりも心と身体をいやしてくれる。

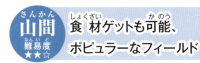

山間
難易度 ★★☆

食材ゲットも可能、ポピュラーなフィールド

もっともポピュラーなフィールド。春から秋まで、それぞれの季節に合わせた楽しみがある。例えば、春には山菜採り、夏にはクワガタやカブトムシなどの昆虫採取、秋にはキノコ狩りなど。

施設内
難易度 ★☆☆

気軽に楽しめる、新たな都会型のフィールド

ここは、BBQ施設をさらに充実させた所。最近の大型化された公園では、キャンプできる場所も少なくない。どちらかといえば、一家族というよりいくつか家族が集まってするグループキャンプ向き。

PART 1　ようこそ、アウトドアの世界へ

現代のキャンプ場。まさに初心者大歓迎！

ひと昔前の不便なイメージも今は全くなし！

　お父さんやお母さんのなかには、一度や二度のキャンプ経験があるかもしれない。これがいい思い出なら何も問題はないが、「ひたすら朝・昼・晩と食事の用意をしていた」とか「実際に行ってみると、何をしていいかわからなかった」などと、苦い経験をしている人もいるのではないだろうか。

　しかし、現代のキャンプ場は違う。デイキャンプ（日帰り）やお泊まりキャンプとそれぞれのニーズに応えられるようプランは充実しているし、事前に目的を決めて場所選びをしておけば、自然を相手に数々のレジャーを楽しめる。もう何をしていいか…などと、悩む必要がないくらいアウトドアを楽しめる。

キャンプの楽しみ方。大きく分けるとこの2つ

初心者にもわかりやすいキャンプ場のプラン

●デイキャンプ（日帰り）
　チャート　27ページへGo！

テントを張ったり、お泊まりはちょっと…という初心者向き。このプランを利用して、野外料理やアウトドアレジャーを楽しみつつ、少しずつキャンプ場になじんでいこう。

●お泊まりキャンプ
　チャート　61ページへGo！

これぞ、まさにアウトドアといったプラン。1泊や2泊はもちろんのこと、ロケーション次第で、ここをベースにレジャーを、1週間泊で楽しむというエキスパートもいる。

●キャンプ場での楽しみ方

海　チャート 126ページへGo!

川　チャート 144ページへGo!

山　チャート 158ページへGo!

野外料理

かんたん料理はチャート	32ページへGo!
炭を使った料理はチャート	50ページへGo!
ダッチオーブン料理はチャート	168ページへGo!

PART 1　ようこそ、アウトドアの世界へ

キャンプ道具はめんどう？

初心者に超オススメ！　安心価格のオールレンタル

　それぞれの趣味と同じく、キャンプにもテントや寝袋といった数々の必要な道具がある。

　多くの初心者にとって、最初の悩みはその道具の多さにあり、何が必要で、何が不必要かの判断はつきにくい。それに一式そろえるとなると、それなりの出費を覚悟しなければならないことも大きい。キャンプが家族共通の趣味となれば幸いだが、もしも一度っきりとなれば、その多くはムダになってしまう。でも大丈夫。現代のキャンプは、とことん初心者の味方なのだ。

いきなり購入？　ちょっとその前に!?

あれもほしいし、これもほしい

テントにシュラフ…タープ、テーブル、それからそれからと考えるお父さん

そんなお父さんを見て、ひたすらお金をたくさん使うことが気になってしかたないお母さん

だ、大丈夫…

家族4人に必要な道具とその購入価格	・テント ・タープ ・寝袋×4 ・コンロ ・ランタン ・クーラー ・調理器具 ・食器 ・テーブルとイスなど

※ざっとの計算でも軽く10万円オーバー

●レンタルなら、わずか10,000円台!?

●10分の1の値段でレンタルできる!?

レンタルショップによっては"格安セット"で、この道具一式を約12,000円（1泊）で借りられるところもあるほど。

●貸すだけじゃない、今のレンタルショップ!

一式借りられるばかりか、どんなキャンプを目的としているかを告げれば、相談にのってくれるレンタルショップもある。

ネットで一発予約！

これはとても使いやすいですよ

●オールレンタル可能なキャンプ場!

ここには体ひとつで出かけられ、施設によってはインストラクターがいるから安心。

野外で使うものだけに、保障（保険）については、事前にしっかり確認しておこう。

アウトドアの世界には、自分の道具を使いこなすことを喜び、楽しむ世界もあるんだけどね。

自分の道具がほしい、そろえたいという人は
チャート 70ページへGo!

PART 1 ようこそ、アウトドアの世界へ

キャンプこそ、家族みんなが楽しめる趣味。その理由とは？

お財布に優しいし、奥さんや子どもにも優しい現代のキャンプ場！

例えば、家族で何か共通の趣味をする場合、心配なのはその総予算と奥さん、子どもとの関係である。家計に直接響いてくるようでは、家族で楽しむことなどできない。それに奥さんや子どもがあまり気のりしないことを無理にさせては、せっかくの楽しい時間も台無しになってしまう。でも、大丈夫。その2つの心配事、一気に解決しちゃおう。

アミューズメントパークとキャンプ場との比較

お財布にとっても優しいキャンプ！
（大人2人、子ども2人家族の場合のシミュレーション）

アミューズメントパーク
ホテル1泊2日
- 宿泊料　　　　　40,000円
  ・大人12,000円×2
  ・子ども8,000円×2
  （夕・朝食付き）
- サービス料　　　10,000円
- 観光費　　　　　40,000円
  （入園料やおみやげ代など）
- 昼食代　　　　　12,000円
  ・昼食代（4人分）6,000円×2

合計　　　　　　102,000円

オートキャンプ場
初心者レンタル（1泊2日）
- 入場料　　　　　 3,000円
- 道具一式レンタル料 12,000円
  （テント、テーブル、シュラフ×4、イス×4、タープ、ランタン、クーラーなど）
- 食費、雑費　　　10,000円

合計　　　　　　 25,000円

一般キャンプ場
全ておまかせキャンプ（1泊2日）
- モデル料金　　　28,000円
  （夕食のBBQ代込み）

テントの設営など現地スタッフがやってくれるから、リーズナブルなうえに超初心者でも安心してキャンプが楽しめるよ

合計　　　　　　 28,000円

★アミューズメントパーク巡りに比べて、2つのキャンププランの方が格安なのがわかる。

● 女性や子どもに優しいキャンプ場!

「キャンプは暗くて汚くて危険」。これはもう昔の話。今のキャンプ場は、日常生活と何ら変わることなく快適空間が楽しめる。

水道付きの衛生的な炊事場
家とほぼ同じ環境で料理できるよ

自動洗浄付き便座トイレ
和式トイレが苦手な人も安心

シャワーや温泉施設完備
キャンプ＝汚れた体のままは、昔の話

TPOに合った数々の防虫グッズ

虫ぎらいのお母さんも、これなら安心

ガイドブックには、安心できる情報が満載。みんなであれこれ確かめてみよう。

PART 1　ようこそ、アウトドアの世界へ

キャンプ場デビューは重要。行く前に知っておきたいコツとは!?

子どもを主役に。大人は"何もしないことをしに行く"が失敗しないコツ！

キャンプに行ったらどう過ごすか？
初心者にとっては、ちょっと悩むところかもしれない。家族キャンプでは、子どもが主役。遊びに使っている遊具などを持ちこんだり、子ども同士が密になれる空間を作ってあげよう。

また、あれこれ計画を立てると、何がなんでも実行しようとしがちになるが、計画はあくまでも予定にすぎない。

のんびりとしていれば、自然と体がむずむずしてくる。何かをするのはそれからだって十分。自然のなかの遊びは、自然と同じく無限大に存在しているのだ。

子どもを主役にした計画を立てよう！

遊び道具をいっぱいもっていこう

フリスビーやサッカーボール、バドミントンなどなど、たくさんの遊具を持参して行こう。キャンプ場は広大なフィールド。めいっぱい遊ぼう。

● キャンプだからこそ、教えられること

普段は、教えたり伝えたりすることが難しかったことも、キャンプだと意外にもかんたんにできたりする。

熱いから危険だよ

● 子どもたちの空間を作ってあげよう

とかく子どもたちは集まってワイワイガヤガヤしていたいもの。長イス（コット）を用意してあげても…。

ほらっ、勝手に子どもたちは集まるよ

● 何もしないことになれる

何もしないといわれても、確かに"ピン！"とはこないかも。そんなときは読書がいい。一冊くらいは本を携えて行くのも悪くない。でも、眠気が……。

ハンモックはもちろん、レンタルでかまわないよ

● ペット同伴可のキャンプ場

ドッグランがあるといいね

ほえたりして、迷惑にならないように、日ごろからしつけておこう

愛犬家にとって、旅行に行けないのは悩みのタネ。その点、キャンプだといっしょに過ごせるし、犬も大喜び。ペット可のキャンプ場を探そう。

● ポケットサイズコンロでお湯を沸かして、家族をおどろかそう

ポケットコンロ

その名のとおり、コンパクトに収納できる携帯型のコンロ。折りたたみ式の本体（金属製）を組み立て、固形燃料を燃焼させて使う。各メーカーからいろいろなタイプが出ている。

オススメのひとつ、エスビット社のモノ。本体そのものがパッケージとなる。

本体

燃料もこのスペースに収めることができる。

固形燃料

使用ビジョン

ごとく部分

ここがポイント！
ごとく部分はハの字に開く

★ポケットコンロ・レシピ
①お湯を沸かす（お茶、カップスープ、カップメンなど）
②パスタ
③ポップコーン
④キムチ雑炊（コンビニおにぎりを使ってつくる）

PART 2
まずは、デイキャンプからはじめよう！

PART2　まずは、デイキャンプからはじめよう！

超初心者に最適なキャンプ場とは!?

アウトドアブームの火つけ役となった、オートキャンプ場

昔のキャンプといったら、大きな荷物をかついで行き、現地で薪を買い込んでの飯ごう炊飯というのが一般的で、楽しむにはそれなりの経験が必要だった。ところが、今や休日ともなると、初心者やベテランに関係なく、「オートキャンプ場」は老若男女でいっぱいだ。やはり、直接車で乗り入れられて近くにテントが張れるその気軽さが人気を集めているようだ。

楽々便利なオートキャンプ場！

昔

重い荷物をみんなで分担して運んだよ

いかにもといった昔のキャンプ風景。みんなで大荷物を担いでの移動は大変。キャンプ場に着いたときには、もうヘトヘト。

現在

現代のキャンプ事情。車で気軽に行けるようになった"オートキャンプ場"。初心者も安心して楽しめるようになったよ。

車を使えるから、荷物の運搬と撤収がとても楽

サイトは整備されているから、RV車でなくても安心。おまけに車中は、集中豪雨や雷雨の時にシェルターにもなるよ。

PART 2　まずは、デイキャンプからはじめよう！

初心者はデイキャンプからはじめよう！
時間が凝縮されるからこそ、集中して楽しむことができる

　デイキャンプとは日帰りキャンプのこと。例えば、道具はオールレンタルできるキャンプ場で、しかもインストラクターがあれこれ教えてくれたとしても、いきなりのお泊まりキャンプはあまりオススメできない。子どもが小さかったりしたらなおさらだ。その点、このデイキャンプは、テントなどは必要とせずにとても身軽な気分でキャンプ場の雰囲気を楽しめる、まさに初心者のためのプランといえるだろう。

チェックインは9：00〜

テントなどの大がかりな装備は一切不用

身軽にキャンプの楽しさを味わえて、初心者にはもってこい。

お泊まりキャンプと違って、周囲に目が届きやすいから、子どもたちだけにしておいても安心。

周囲には、本格的にキャンプする人たちでいっぱい。今後の参考にもなるよ。

デイキャンプの楽しさ、おもしろさは「料理」と「遊び」

デイキャンプ・2つのポイント

ポイント1 日帰りという時間制限から、家族で決めたプランに集中しやすい。

ポイント2 デイキャンプにふさわしいオートキャンプ場が全国に多いので便利。

あくまでデイキャンプをお泊まりキャンプのための予行演習とするなら、目的を野外料理ひとつにしぼることも得策!

時間が決められているからプランも立てやすい。限られた時間内、自然を相手にめいっぱい遊ぼう。

いきなりのお泊りキャンプは✕。長い時間は逆に暇をつくり、密度の濃い楽しい時間とはいかなくなる恐れが…。日帰りという時間の短さが、功を奏することになるのだ。

チェックアウトは〜17:00

PART 2　まずは、デイキャンプからはじめよう！

チャレンジ・ザ・はじめてのデイキャンプ 初級編

面倒はイヤ！　だけど雰囲気も存分に味わいたい。そんな初心者家族はこれだけで十分

キャンプの楽しみであり醍醐味のひとつでもあるのが"野外料理"。いわゆる本格派料理には専門的な道具を必要とするが、あまり手の込んだ調理でなければ、インスタント食品や家庭の調理器具でも十分に活用できる。それが超初心者にはうれしいところ。普段から慣れ親しんだものであれば、気軽に手軽に野外料理の雰囲気を味わえるはず。まずは、手始めに、そこから楽しんでみよう。

調理器具 はこれだけでオーケー

アウトドアでも大活躍 "卓上カセットコンロ"

使いやすく家計にも安心

火力は多少弱いものの、お湯を沸かしたり、冷凍食品の調理や温めくらいならこのカセットコンロでも十分。ただし、風の強いときのために風防などを用意しておこう。

※使用の際は、着火の確認や使用上の注意を必ず守ること。

主食 はコンビニ調達で問題なし

主食は事前に準備。または購入

パンとおにぎり

アウトドアでのご飯炊きは、意外に難しく手間でもある。そこで、主食の代用におにぎりやパンをあらかじめ用意しておく。コンビニエンスストアなどもじょうずに利用しよう。

その他の食材 インスタント食品もおおいに活用しよう

アウトドア料理の強い味方

野外料理においてインスタント食品はとても重要。それは、野外料理の基本がズバリ"手ぬき"にあるからだ。手ぬきというとかなり聞こえは悪いが、要はいかにして手間を省くかということ。もちろん、手をぬいても美味しいことが重要ポイント。

缶詰＆ビン詰

野外に合う独特な風味

炒めたり、煮込んだりすると、意外にも独特な風味が出てくる。

フリーズドライ

プラスもう一品のときに

とっさのときでも、お湯や水を注ぐだけでできてしまう。

いかにもといったアウトドア料理は無謀。この手の料理は手間がかかる分、慣れていないとかなりの調理時間を要してしまう。初心者は、カセットコンロとインスタント食品を活用して料理をつくってみよう！

レトルト食品

材料＋レトルト食品でプロの味

材料だけ用意しておいて、味付けにはレトルトのみを使うのも、賢い方法。

PART 2　まずは、デイキャンプからはじめよう！

アイテム導入で快適度アップ！デイキャンプ 中級編

初心者にとって大切なキーワード。それは日常の再現!?

　これは後のお泊まりキャンプでもいえることだが、初心者がデイキャンプをよりよく楽しむためには、**快適でくつろげるスペース作り**が必要。アウトドアで、快適・くつろぎと聞くと何やら難しく聞こえるかもしれないが、要は普段の生活の再現に努めればよいだけ。例えば、調理する場には、火元はひとつより2つがいいに決まっているし、食事や団らんは、イスに座ってテーブルを囲むほうが、何もないよりもはるかに落ちつくはずである。

快適でくつろげるスペース ＝ 中級アイテム① 食に関連する道具（ツーバーナー・クーラーボックスは チャート34〜38ページへGo！）＋ 中級アイテム② 居住に関連する道具（テーブル＆イスは チャート39ページへGo！）

同時に2つの調理ができるすぐれもの

中級アイテム① ツーバーナー

　バーナーには焚き口がひとつと2つのタイプがある。ひとつのタイプはコンパクトだが、家族単位でのキャンプには向かない。それに台所のガスコンロのように、2つ焚き口があった方が断然使いやすい。また、ホワイトガソリン（液体燃料）やガスを燃料とするタイプがあるが、ガスタイプのほうが使いやすく初心者向き。

ガスボンベ

お気軽お手軽なデイキャンプ・初級編を楽しめたら、次はくつろぎと快適にチャレンジしてみようよ！

ツーバーナーをセットしよう

① 裏返しの状態からスタート。ストッパーを解除してから、スタンド（足）を両方起こす。

ここがポイント！
①〜②までは本体を裏返すとやりやすいよ。

② ガスカートリッジをセットする。ネジ式になっているので、ネジ山に合わせて水平にしっかりしめ込むこと。

③ スタンドを立たせる。それからふたを開けたら、風防と網台をセットする。

④ ツマミによって点火（自動）する。火力の調節から消火まで、このツマミでできる。家庭用コンロと同じだ。

PART 2　まずは、デイキャンプからはじめよう！

ツーバーナーと相性がばつぐん！　はじめてでもかんたんおいしい鉄板焼き料理

ここで紹介する料理は、かんたんで、ツーバーナーとの相性もよく、子どもに人気の鉄板料理のベスト3。おまけに、調理に子どもも参加できるアウトドア料理の楽しい定番。

焼きそば

【4人分】
市販のソース焼きそば
　（中華ゆで麺）　4人分
豚バラ薄切り肉　200g
キャベツ　　　　1/2個
タマネギ　　　　1個
ニンジン　　　　1/2本
ピーマン　　　　2個
もやし　　　　　1/2袋
塩、コショウ　　少々

肉は細切れ
キャベツはざく切り
ニンジン、タマネギ、
ピーマンは細切り

❶ 鉄板を十分に熱し、サラダ油をしき、肉をいためる。肉に火が通ったら野菜を合わせて、さらにいためる。

❷ 肉と野菜に火が通ったら鉄板の角に寄せておき、焼きそば麺をほぐしながら鉄板にあけ、麺に水をかける。麺が蒸されてからほぐし、火が通ったら肉、野菜を合わせる。

❸ ソース、塩、コショウで味を整える。

青のり、紅ショウガをそえる。

できあがり

冷凍食品

冷凍チャーハンを鉄板でいためるだけ。

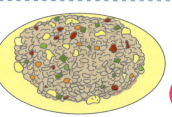

できあがり

ここがポイント！
ベーコンなど、材料をプラスするとさらにおいしくなる！

お好み焼き

【4人分】
- キャベツ　1/2個
- ネギ　1本
- 豚バラ薄切り肉　200g
- エビ　4尾
- ちくわ　4本
- 天かす　大さじ6

●生地
- 小麦粉　250g
- 卵　2個
- だし汁　300ml

- かつお節　適量
- 青のり　適量
- 紅しょうが　適量
- マヨネーズ
- お好み焼き用ソース

キャベツ
エビ
ちくわ
卵
天かす

ここがポイント！
生地はペットボトルに入れて持っていくとラク

❶ 材料を混ぜ合わせる

❸ 生地の上に豚肉をのせると、型くずれしないで仕上がる。

❷ 油をしき、生地を丸く広げる。

マヨネーズ　ソース
青のり　カツオ節
紅ショウガ

❹ 両面を焼く

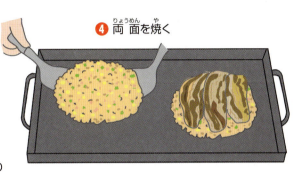

できあがり

PART2　まずは、デイキャンプからはじめよう！

 中級アイテム① **クーラーボックス**

冷蔵庫代わりに大活躍の必需品！

現地の市場などで食品を調達するのも楽しいが、野外料理の成功の秘訣は、実は前日までの下ごしらえにある。そのため、食品を傷めないためにも、クーラーボックスの役割はとても重要なのである。

食糧用（大型）と飲み物用（中もしくは小型）が用意できればベスト。この2つがあれば、頻繁に飲み物を出し入れしても、食糧用の冷気を逃がさずにすむ。

ここがポイント！
容量的には500mlのペットボトルが縦に入る大きさだと、格段に使いやすさはアップする。

●材料によって変える、賢い保存方法

食糧の保存方法

保冷材を立てることで、食糧全体を冷やすことができる。

保冷剤

保冷剤

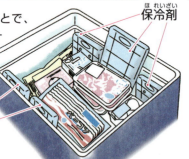

飲み物の保存方法

氷や保冷材は飲み物の上に直接置いて冷やすようにする。

3アイテム（ツーバーナー、クーラー、テーブル＆イス）、購入した場合は軽く4万円をオーバーする。しかし、レンタルならわずか5,000円程度ととてもリーズナブル。

中級アイテム② テーブル&イス その種類と特徴

サイトの中心がこれ！すなわち家族の集う場所

デイキャンプといえども、ハイキングとは違うのでテーブル&イスは用意しておこう。拠点ができるとともに、食事はもとよりちょっと休みたいときのスペースにもなる。

ロールアップ型

天板がすのこ状でくるくると**丸めて収納でき、コンパクト**。ただし、凸凹ができやすく、置いた物の安定性があまりよくないため、子どもには不向きかもしれない。

折りたたみ型

天板は何枚かに折りたたむことができる。収納時には一番場所を取るタイプ。しかし、**天板の安定性はとても高い**ために小さい子どもがいても安心して食事ができる。

ディレクタータイプ

乗っている車種が**小型車の場合、オススメのイス**。ちょっと座り心地は悪いがコンパクトな収納が可能。

ガタパウトタイプ

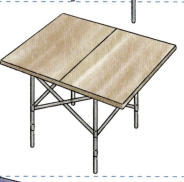

何よりも**野外での安定性に優れている**イス。しかし、収納時にかさばることや、高さ調節はできないため、子ども用にはならない。

ここがポイント！

手に入れるときは、必ず、車のトランクケースに納まる寸法か確認しておこう。荷物のなかでもかさばる部類である。

PART 2　まずは、デイキャンプからはじめよう！

快適アイテムをランクアップ！ デイキャンプ 上級編

デイキャンプでタープ張りと炭を使った料理にチャレンジしよう

デイキャンプでかんたんな野外料理に挑戦した結果、家族の評判もよかったときは、ここはもうひとつ欲を出してデイキャンプのグレードを上げることにチャレンジしてみよう。

それは、タープと呼ばれる日よけを張ることと、BBQなどの野外料理には欠かすことのできない炭を使った料理の2つ。ぜひ、マスターしよう。

 ＝ 空間に関連する道具　タープは チャート42ページへGo！ ＋ 食に関連する道具　BBQ（バーベキュー）グリルは チャート48ページへGo！

タープを張ろう　上級アイテム①

サイトの快適度は2倍、3倍！

四季がはっきりしていて、天候も急変しやすいのは、この国の自然ならではのもの。そんな日本で育ったボクたちは、やはり屋根があったほうが落ちつくのである。

逆に開放感があっていいね

屋根だけでも落ち着くのね

わー

わー

タープが重宝するときは、何も雨降りのときだけでない。直射日光のまぶしさはけっこうつらいものなのだ。

40

炭を使った料理のよさ

上級アイテム②

炭の代表といえば、やっぱりBBQ料理

初級・中級でチャレンジした料理よりも、難しくて手間がかかることは確か。手間がかかるということは、子どもたちの手伝う時間も増えて食育にもなる。また作りながら食べられるBBQ料理などは、みんなでワイワイいいながら食べられるのでおいしさは格別。

子どもといっしょに料理ができる楽しさ

たくさん手間をかけられるよ。

みんなで一生懸命に作ったから、おいしいよ。

キャンプ場近くで、地の食材を選ぶ楽しさ

シンプルに焼くだけ。だから食材選びは楽しい。

開放感いっぱいのなかで、家族みんなで食べる楽しさ

PART2　まずは、デイキャンプからはじめよう！

タープがあれば、こんなにも変わる

タープを張って、サイトにすてきな快適空間をつくろう！

　タープとはもともと防水シートのこと。アウトドアでの日よけや突然の雨などをさえぎるのにあるととても助かるのだが、用途はそれだけではない。デイキャンプではテントを設営することはないので、だだっ広い空間にはテーブルとイスだけとなる。これがなんとも落ち着かないのだ。しかし、そこにタープを張ると、家族にとってプライベートかつ快適な空間ができるのである。

屋根があるだけでこんなに変わるキャンプサイト

上級アイテム① タープの種類　それぞれの長所と短所

ウイングタイプ

長所 シンプルな構造のため設営が容易で、慣れればひとりでも可能。軽量で収納もコンパクト。風にも強い。

短所 面積は狭いので少人数向き。日よけ面積も当然狭く、雨も吹き込みやすい。

ヘキサゴンタイプ

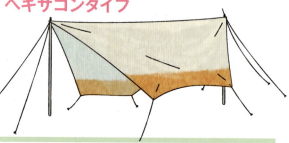

長所 六角形の天布は面積が広くて家族向き。雨にも強く、左右違う角度で張れるので用途範囲は広い。

短所 面積は広い分、風の影響を受けやすい。天布の左右が地面に近いので、多少の圧迫感がある。

カーサイトタイプ

長所 一部分は車に固定するので、ひとりでも容易に設営できる。

短所 一度設営してしまうと、車は移動できない。車高のある車でないと、快適感は薄れる。

みんなでタープを張ろう（ウイングタイプ）

❶ 収納袋から一式を取り出す

取り出す際に携帯電話で撮影しておくと、撤収のときに同じくコンパクトにまとめやすい。

ここがポイント！ 忘れ物チェックにもなるよ！

❷ シートにポールをセットする

2～3本に分かれているポールをつなぐ。シートの両サイドにある鳩目と呼ばれる穴にポールの先端を通す。

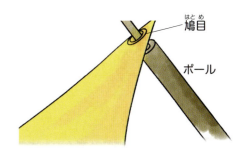

❸ ポールにロープを固定する

❹ 設営場所に広げる

風向きなどを考慮して設営場所を決めたらシートを2つ折りにして置く。このときにA・Bどちらかのロープを固定する。

風が吹きぬける方向 WIND DIRECTION
ライン（設営地の中心）
120～135°
60～75°

❺ ポールを立ちあげる

ロープのゆるみと張り具合を確かめながら❹での★の垂直位置より内側にポールを立てる。フリーの方のロープを固定する。

ペグの打ち方

プラスチックハンマー（100円ショップで入手可）が便利。他に石でも代用できる。ロープとペグの角度は90°が理想。

❻ 反対側も同様に行う

ポールを立ちあげる係とロープを張る係に分かれて作業するのがベスト。ポールの立ちあげ位置は2本とも同じライン上にあり、ペグ打ちは左右対角線上にあること。

ここがポイント！
ポールが逆「ハ」の字になる。

ポールが垂直でないことに注目！

❼ ロープの張りを調節

ロープの張り具合を自在フックで調節する。あくまでもそれぞれに均等な張力がかかるようにすること。

自在フック

45〜60°

❽ 第一段階OK

2本のポールがしっかり安定していればほぼ完成。次の作業に取りかかろう。

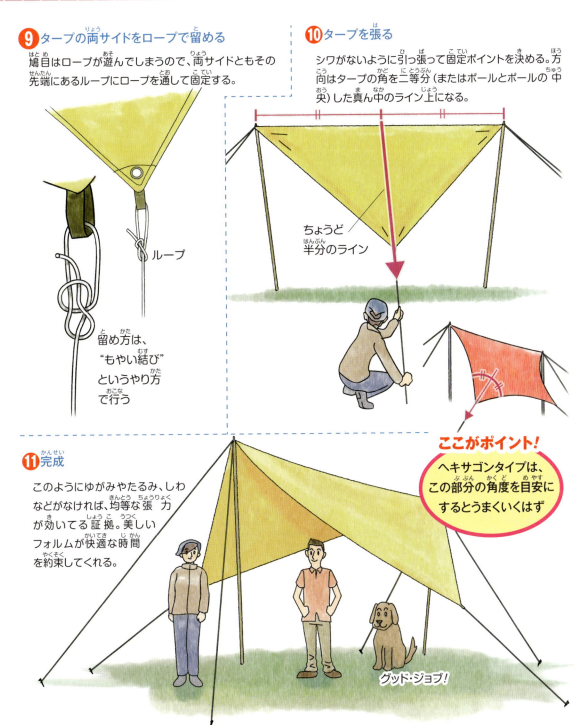

ウイングタイプ・タープをひとりで張るとき

❶ 完成をイメージしてセット！
設置場所を決めて図のように地面に広げる。角度に注意しながら4本のロープを固定する。このときも2本目のポールのロープは張りを少しゆるめておく。

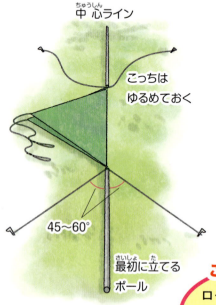

中心ライン
こっちはゆるめておく
45〜60°
最初に立てるポール

❷ 中心ラインから外れない
中心ライン上にあったポールのトップ位置にポールの尻を合わせるようにしながらポールを立てていく。

❸ 自立しているポールとバランスをとる
反対側も同じように立てていく。このときにすでに自立しているポールが倒れないようにバランスを取らなければならない。

ここがポイント！
ロープをゆるめておいたのはこのためでもある。

❹ 完成!!
ポールの角度を斜め外側に向けて調節する。後は、残りの角のループにロープを通して固定すれば、完成。

●風を防ぎたいときの理想的なデイキャンプのレイアウト

PART 2　まずは、デイキャンプからはじめよう！

野外料理の強い味方 "炭" を使ってレシピを増やそう

キーワードは『遠赤外線』と『じっくりコトコト』

　たき火と炭を同じものと勘違いしている人がいる。たき火の熱源は直接の炎（熾き火は別）であるのに対し、炭のそれは熱線になるため、これはまったく別物なのである。炎をコントロールするのは難しいが、炭の場合は着火さえすれば安定して長時間燃え続ける。それに煙が少ないこともうれしい。つまり、火種さえできてしまえば、後は料理に集中できることから、炭は初心者のためのアイテムといってもいい。

煙少なく、安定して燃え続ける炭

炭の2大効果

① 熱源は遠赤外線

炎じゃないから風なんかへっちゃら

特に肉を焼くときなどに最適。表面は焦がさずに中まで火が通る。

② 安定供給しかも長時間

シチューやポトフにいいよね

安定してゆっくり燃えてくれるから、じっくりコトコト煮こむ鍋料理に最高。

炭の料理に必要な物

黒炭・ナラ炭

着火が早くて安定して燃える、まさに野外料理のレギュラーメンバー。

おが炭

同じ黒炭でも木屑などを固めて焼いたもの。ナラ炭よりも着火しにくい。

着火材

これは炭に火をおこすためのもので、絵のようなヤシ殻タイプが臭いもなくオススメ。着火のときに新聞紙を使うと灰が飛ぶので、できれば避けたい。

肉料理にかかせない絶対的道具

上級アイテム②　BBQグリル

大きさは4人家族ならレギュラーサイズで十分。できればスタンドは継ぎタイプの物を選びたい。スタンドを短くすれば、ファイヤースタンドとしても使える。

着火用ライター

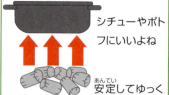

これがあれば安心して着火剤に点火できる。

炭のおこし方

①焼き網を外して底網の上に着火剤を置く。多めに使うこと。

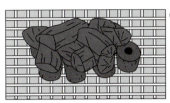

②中サイズの炭を選別して着火剤の上にのせる。広くのせずに重ねて積み上げるのがコツ。

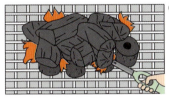

③着火用ライターを使って点火。数か所に点火するため、風が強いときは風下側から点火。

④中サイズの炭に火が移るまで待つ。燃え移ったら、さらに大きいサイズの炭をいくつか足す。火の勢いが弱いときはうちわ（ハンディファンも可）を使う。

ソヨソヨ… ✗

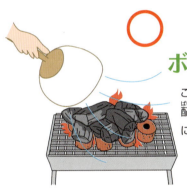

ボワッ！
この状態では灰が飛散する心配はない。風をぶつけるように扇ごう。

見えている炎がゆれないようではダメ。一瞬、消えてしまったかのようになるくらい強く扇ぐこと。

炭の火力を判断する

全体が白くなっているとき、火力はマックス状態。ここで表面の灰を取ってやると、さらに火力はアップする。

黒い部分がまだ残っているのは完全に燃焼していない証拠。無理に燃やしたりせず、このままじっくり燃やしてあげよう。

炭には、白炭（備長炭が有名）とナラ炭のような黒炭がある。高価で着火と熱源の安定に時間のかかる白炭より、比較的安価で着火が楽な黒炭の方が、野外料理には適しているよ。

PART 2　まずは、デイキャンプからはじめよう！

●野外料理の定番、BBQの達人になろう！

アウトドアで炭火といったら、真っ先に浮かぶのはBBQだ。
ジューシーに焼けた肉は最高においしい。
しかし焼き方がうまくいかないと真っ黒に焦げてパサパサになってしまい、せっかくの肉が台無しになってしまう。
そこで、BBQの達人になる"コツのコツ"をいくつか紹介しよう。

コツのコツ① 網を使うべし

せっかくの肉を焦がしたくないためか、よく鉄板で焼いている人を見かけるが、これはまちがい。網で焼くと肉汁が炭へと滴り落ちる。このときに発生する煙が燻製と同じ効果を発揮してくれる。

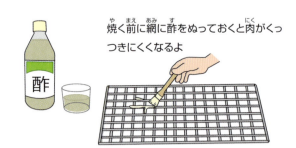

焼く前に網に酢をぬっておくと肉がくっつきにくくなるよ

コツのコツ② 強い火力で一気に焼くべし

のんびり肉を焼いていたら家族から尊敬されるどころの話ではない。時間をかけて焼かれた肉は、肉汁がぬけ落ちてジューシーさがなくなってしまう。網にのせた瞬間から"ジュージュー"と音を立てる火力で一気に勝負をつける。

肉を置く前に炭の火力を"目視"しておくことが大切

コツのコツ③ 大盤振舞をするべし

薄い肉など不要。炭の遠赤外線効果に負け、焼きあがりはパサパサになってしまうからだ。ぶ厚いステーキ用の肉こそ、BBQのための肉といっても過言ではない。大丈夫。おいしく焼ければ、渋ったお母さんの財布の紐もゆるむはず…。

肉の美味しさにお母さんもご満悦

コツのコツ ④ 2つの火力を自在に操るべし

グリル上で焼けていくスピードと家族の食べるスピードは必ずしも一致しない。小さな子どもがいればなおさらだろう。皿にあげておくと冷めてしまう。こんなときのために火力の弱いエリアを用意しておく。また、このエリアで野菜も焼く。

強火のエリア＝主役は肉　　弱火のエリア＝野菜と肉の一時的避難エリア

ここがポイント！
実は見ための状態で炭の火加減はわかる。そこから判断してグリル内に"強火ゾーン"と"弱火ゾーン"に分けておくと、調理に幅がもてる。

コツのコツ ⑤ BBQの名脇役 "野菜"を大切にするべし

いくら主役は肉だといっても、網の上で消し炭のように黒くなった野菜は何とも悲惨である。火の通りにくい野菜を焼くことは難しい。肉のジューシーさは脂にあるが、野菜の瑞々しさは水分なのだ。肉と野菜は違うのである。

レンジで1～2分

ピッピッ

自宅での下ごしらえ
デイキャンプの前日、電子レンジで加熱して保存容器に入れて冷蔵庫へ。加熱時間は1～2分程度。

火の通りにくい野菜の代表選手
ニンジン、カボチャ、タマネギ、サツマイモを1センチくらいの厚さに切る

51

PART 2　まずは、デイキャンプからはじめよう！

BBQで、ぜひ賞味してほしい4つのレシピ

タンドリーチキン

【4人分】
鶏の骨付きもも肉	4本
塩　コショウ	少々

●漬けだれ
プレーンヨーグルト	1/2カップ
レモン汁	1個分
ショウガ	1片
ニンニク	1片
カレー粉	大さじ2
トマトケチャップ	大さじ1
ガラムマサラ	小さじ1

❶ 鶏もも肉は数か所に切り込みを入れ、塩、コショウをふってすり込む。

❷ 漬けだれの材料を混ぜ合わせ、チャック付き保存袋に鶏肉を入れて12時間(最低でも2〜3時間)漬け込む。

たれが肉全体に漬かるように、袋の上からもんでおく。

❸ たれを少し取り除いてから焼く。

ここがポイント！
これは焦がさないためだよ

これをそのまま使ってのチキンカレーも絶品！

スペアリブ

【4人分】
豚スペアリブ	1.5kg

●漬けだれ
ニンニク	2片
ショウガ	2片
砂糖	大さじ2
しょうゆ	大さじ3
日本酒	大さじ4
ケチャップ	大さじ4
塩	小さじ1

❶ 鍋にスペアリブと水を入れ、沸騰後15分ゆでる。

アクはていねいに取る

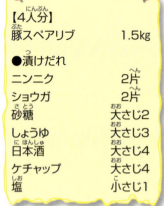

❷ 下ゆでの間に漬けだれを作る。

❸ ゆで上がったら水気を切り、スペアリブが熱いうちにたれを混ぜて30分漬け込む。

ここがポイント！
この方がしっかり味がしみ込むよ

30分漬け込む

❹ スペアリブを焼く。

この身をほぐしてつくるチャーハンも美味！

キムチうどん鍋

【4人分】
白菜キムチ	300g
豚バラ肉薄切り	400g
豆腐	1/2丁
シイタケ	4枚
シメジ	1袋
ニラ	1束
長ネギ	2本
ニンニク	1片
ショウガ	1片
うどん	4玉
キムチ鍋の素	150ml
チキンブイヨン	1個
水	800ml

① 自宅で野菜、肉の下準備をしておく。

② チキンブイヨン、キムチ鍋の素、水、ニンニク、ショウガを鍋に入れて煮立てる。

③ 最後にうどんを入れる。

ここがポイント！
残った汁を取り分けて、そこにおにぎりを入れると"即席クッパ"になるよ！

フライパンひとつでパスタ

【4人分】
ニンニク	1片
ベーコン	8枚
ピーマン	4個
タマネギ	1個
ニンジン	1/2本
パスタ	400g
トマト缶	2缶
水	800cc
コンソメの素	2個
ケチャップ	大さじ2
塩、コショウ	適宜

① 自宅で野菜、肉の下準備をしておく。
ニンニク、野菜はみじん切り。
ベーコンは細切り。

② フライパンにオリーブオイルを入れ、ニンニクをいためる。香りが出たら、ベーコン、野菜を入れる。

③ トマト缶と水800ccを入れ、沸騰したら半分に折ったパスタを入れて、よく混ぜる。

ここがポイント！
火からおろし、ふたをして、パスタの袋表記時間マイナス1分間置く。

④ フタを取り、パスタをほぐして水分を飛ばす。ケチャップ、塩、コショウで味を整える。

⑤

PART 2　まずは、デイキャンプからはじめよう！

●野外料理の定番 "カレーやBBQ" が好まれる理由を知ろう!?

野外料理の定番といえば、昔も今も人気なのが "カレー" と "BBQ"。これは、材料を選ばずに調理はかんたん（＝短時間で調理可能）なことが一番の理由である。レシピのレパートリーを増やす場合、実はこの理由のなかに多くのヒントが隠されている。ここでは、このヒントを逆手にとることや、現地で料理の成功率を上げる方法などを紹介しよう。

とってもかんたん。レシピも増える！

ひと粒で三度おいしいレシピ法

必要なことはていねいにアクを取ること。最後の味つけ（調味料やスパイスなど）によって、和・洋・中を作りだす。

調理は『煮込む』だけ

カレー　ポトフ　肉じゃが

自然という名のかくし味

アウトドアでは誰でもかんたんに料理の達人になれるから不思議。きっとその開放感が料理のかくし味になっているに違いない

万能ソース

シンプルな材料でも味はバラエティ

この2つのソースを用意しておくと、キャンプ料理にはとても重宝することまちがいなし。BBQの肉や野菜だけでなく魚介類にも合う。他にサラダや焼きおにぎりなど、とにかく万能。

●しょうゆソース

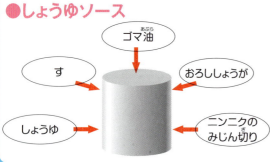

●みそソース

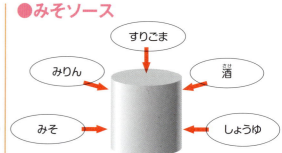

野外料理の成功の秘訣は"仕込み"にあり

けっこう便利になったといわれる最近のキャンプ場。炊事場もかなり充実してきてはいるが、それでも家のようにはいかないもの。そこでオススメなのが"仕込み"。仕込みといっても、作業はかんたん。肉や魚は現地調達でもかまわないが、冷凍して持参すれば、保冷剤の役目にもなる。また、野菜などは、それぞれに仕込みの仕方は違うのでチェック。

前日に自宅で行っておこう

料理の成功率を格段にアップさせる"仕込み"

"仕込み"をしておけば、キャンプ場では最小限の手間だけで料理ができる。

素材によって変える仕込みの方法

覚えておくと、さらにレシピが増えておいしい

それぞれの野菜の下準備

キャベツ
キャベツは腐りにくくするため芯をぬく。
新聞紙で包んでおくといい。

ジャガイモ／ニンジン／ゴボウ
泥は取らない

サトイモ／タマネギ
皮はむかない

魚の下準備

❶ 塩をふる。料理によってはコショウも。
❷ キッチンペーパーで包む。
❸ ラップでくるんで冷凍庫へ。

55

デイキャンプを終える

和気あいあいと家族みんなでの撤収。それは満足度100点の証！

当然のことではあるが、キャンプ場のチェックアウトの時間から逆算して撤収開始時間を決める。初心者の場合、約2時間くらいは見ておこう。あわてて片づけて、せっかくそろえた道具を忘れてしまってはつまらないし、最後に自分たちが楽しんだサイトを今一度チェック（ゴミなど）するくらいの余裕はほしい。

また、サイト近くに川があってロケーションが最高だったりすると、子どもたちは遊び足りずに名残り惜しくなるはず。こんなときは必要な物だけを残して片づけてしまい、チェックアウトの時間まで存分に楽しもう。

余裕をもって撤収をはじめよう

タープの撤収

❶ ループからのロープ外し
タープの四隅（ループ）を留めているロープを外す。このときにペグも同時に引きぬいておくと忘れずにすむ。

❷ 全体を倒す
まだ立っている状態からなるべくそのままの姿勢で地面に倒す。ポールを支えていたロープも外す。

❸ ポールをバラす
ポールをタープの鳩目から外し、分解して一か所にまとめておく。

④ 2つ折りから4つ折りに

倒れたタープの鳩目を合わせて持ち上げ、さらに4つ折りにする。それを二人で、上下左右を合わせ整える。

⑤ ロープはそのまま

さらに2つに折る。ループに留めてあるロープはそのまま付けて収納する。

⑥ 徐々に収納サイズへ

このあたりから収納サイズに合わせて折っていく。

⑦ 最終サイズ

最終的に仕舞い寸法に合わせた長方形にする（携帯で撮影した画像を参考）。

⑧ 丸める

端からロール状に丸めていく。

⑨ ペグを収める

ペグは必ず本数を確認する。サイトに残しておくと、とても危険。

⑩ ポールを収める

ポールは専用の袋に収める。これも本数を確認しておく。

⑪ 完了

最後にタープ、ポール袋、ペグケースを専用のケースに収めて終了。

携帯で撮影した画像がこのときに役に立つよ！

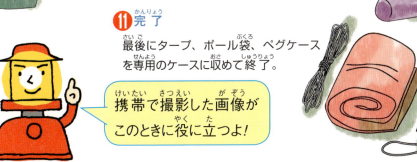

撤収の基本。それは『元の状態への復帰』にあり

自分たちのゴミだけでなく、他のゴミも始末できる余裕を持とう

ゴミを全て拾うことなど当たりまえで、タープに使ったペグの穴もきっちり踏んでその跡は消す。どうしてここまでこだわる必要があるかというと、これがキャンプを楽しむための絶対条件にほかならないからだ。

そして、この絶対条件は必ず連鎖する。つまり、また次に訪れたとき、今回と同様に気持ちよく楽しいキャンプを約束してくれる重要な行為なのだ。

ゴミ拾いだって、ゲームになる

子どもにも積極的にゴミ拾いをさせる。ゲーム感覚にすると、子どもは夢中になってゴミを拾うよ。

3点ゲットー！

あっ缶だ！

●キャンプ場でのゴミの分別

キャンプ場によって、それぞれゴミの分別の
ルールには違いがあるので注意しよう。しかし、
デイキャンプで出るゴミの量はたかが知れている
から、基本は持ち帰るようにしたい。

缶の捨て方

もしも分別するなら、最低でもかさばらない
くらいの配慮はしよう。

①真ん中を軽く両サイドから凹ませておく。

②体重をかけて踏みつぶす。
勢いをつける必要はない。

③こんなにもコンパクトになる。♪

★やってはいけないこと★

あき缶を灰皿代わりにすると
資源ゴミにはならない。喫煙
者のモラルの問題…。

川で食器を洗ってはダメ。
たとえ洗剤を使っていなくても、
油は河川を汚染する。

PART 3
準備編
キャンプへ行こう！

PART 3　キャンプへ行こう！　準備編

さあ、お泊まりキャンプに挑戦しよう！

家族みんながデイキャンプに満足したら、次はいよいよテントの登場

　デイキャンプは楽しかったですか？　うまくいきましたか？　料理もまずまずのできで、家族が「美味しい」といって食べてくれたのなら○。お母さんや子どもたちがテントや泊まりならではの遊びに興味をもって、名残惜しくキャンプ場を後にしたのなら◎。

　自宅に戻ったその日に、家族みんなで次のお泊まりキャンプの計画を立ててみてはいかがだろうか！?
　家族みんなで和気あいあいと計画を立てるのは、何とも楽しいもの。以前の散歩さえおっくうだった日々とは、雲泥の差のはず。

デイキャンプの成功こそがカギ！

今度はテントを張って、なかで寝てみたいなー

あっ、テント！

そうかぁ、お泊まりキャンプだと、つりとか…まだまだ遊べるんだなぁ

●お泊まりキャンプの楽しみ

① 計画を立てる

ワクワクドキドキ期待大

温泉にも入りたい

どこへ行くか。何泊するか。現地で何をして遊ぶか…などなど。

② 現地の特徴をいかす

海だったら海水浴や潮干狩り、山だったらつりやクワガタ捕りなど。疲れ果ててヘトヘトになるまで、時間を気にせず遊べる。

デイキャンプでできなかった遊びにチャレンジ

おもいっきり自然相手に遊ぼーー

③ 神秘的な夜のキャンプ場

夕食タイムが終わると、ここから大人の時間。ワインなどを飲みながらゆったりリラックスすれば、普段話せなかった会話もはずむ。

夫婦のいやしの時間

うわーー、満天の星だあ。でも昼間たくさん遊んだからちょっと眠いねぇ…

④ 狭いから楽しい

テントのなかはちょっと窮屈くらいがちょうどいい。天井に張ったロープに吊したランタンの灯りのなか、家族並んで川の字で寝る楽しさは、永遠の思い出になるだろう。

お疲れさま

おたがいのぬくもりにふれられる

PART3 キャンプへ行こう！ 準備編

最初のお泊まりキャンプで失敗しないための心得

最初の一声、そのあいさつから楽しいキャンプははじまる

デイキャンプでおおよそキャンプ場の雰囲気をつかんでいたにもかかわらず、いざ自分たちの居住スペース（テント）を確保してみると、あらためて人の多さやテントの数に驚くはず。これじゃあ都会のそうぞうしさとたいして変わらないとなげくかもしれない。おまけに初心者は何かと肩身が狭く、ここで浮き足立ってしまえば、せっかくのお泊まりキャンプも全ては水の泡と化してしまう場合もある。

ここでの打開策はたったひとつ。それは、都会人がもっとも苦手とする"あいさつ"をすることである。

おくせずに、あいさつしよう！

コミュニケーションの大切さを知る

この辺は山菜も採れるのよ

おっ、ダッチオーブン

ほらっ、クワガタ！

キャンプ場には、都会とは一味も二味も違った新鮮なコミュニケーションがある。それは損得ぬきだからかもしれない。さあ、両隣のテントへ、あいさつからはじめてみよう。

都会では苦手だったあいさつも、キャンプではできるから不思議。

はじめてのお泊まりキャンプ。賢いキャンプ場の選び方

キャンプの目的を明確にしておくと、選ぶときに迷わず決められる

キャンプ場を選ぶときは、家族でまず何を楽しむのかを決めることから始めよう。キャンプだけを楽しむのなら、デイキャンプで行き慣れた所でもかまわないし、ハイキングやつりをするのなら、ベースキャンプ的なポジションから選んでもいい。

例えば、つった魚をキャンプで調理して食べたいというのであれば、"ニジマスがつれる管理つり場"の近くにあるキャンプ場がいいし、"山菜採りやきのこ狩り"をしたいときは、おのずと場所と季節は限定されてくる。

●キャンプ場の選び方のコツ

目的を具現化していこう！

距離を考慮

キャンプ場選びには、自宅からの距離も重要なポイント。高速を使う場合、運転時間は長くても2時間程度（往復料金6,000円前後）を目安にしよう。

季節を考慮

夏の海水浴シーズンには、渋滞を避けるために海のキャンプ場は選ばないのもひとつの策。

キャンプ場にはサイトと駐車場が別々になっている一般キャンプ場と、サイトまで車で入れるオートキャンプ場があり、それぞれに一長一短があるよ。

●最後には、みんなで決める事が大切

　おおよそキャンプの目的も決まり、そこからいくつか候補のキャンプ場をピックアップできたら、最後は家族みんなで決めよう。子どもを参加させると、「連れて行かされる」感がなくなり、現地でのアグレッシブさも違ってくる。百聞は一見にしかず。ぜひ、実行を。

子どもの元気度、格段にアップ！

なんだか楽しそうねぇ

パソコンサイトやガイドブックを見ながら、ワイワイと盛り上がろう。

ここもいいよこっちこっち

●プラス・ワンの楽しみもちゃっかり押さえておこう

　地元の自然博物館や歴史郷土館、または温泉施設のある道の駅など…。キャンプは自然相手に行うものだから、天候だって気まぐれそのもの。つまり、プラス・ワンとは、雨の日の救済策でもある。

道の駅でおいしいものを探したいわ

急な天候悪化でも、大丈夫！

PART 3　キャンプへ行こう！　準備編

スケジュール・パターンを考えておこう

キャンプの計画を立てることで、その全体図もはっきりしてくる

　お泊まりキャンプを成功させるためには、スケジュール・パターンを事前に考えておくことが重要。ポイントとして、まずはキャンプ場までの運転時間。渋滞にはまったら大変なので、余裕をもって出発しよう。現地に早く着く分には何ら問題はないのだ。
　また、スケジュールを詰めこみ過ぎないことも大切。あれこれと予定に追われるばかりで疲労困憊ではつまらない。ここにデイキャンプでの経験が生きてくる。食事の調理にかかる時間から逆算し、そこからそれぞれのイベントのスケジュールを決めていこう。参考までに、1泊2日におけるスケジュール・パターンの一例をあげておこう。

週末1泊2日のキャンプ

❶ 数カ月前〜数週間前　予約
行きたいキャンプ場を決めて予約を入れる。このときに現場でレンタルしたい物があれば忘れずに手配しておく。

❷ 前日（金曜日）下準備
当日は余裕を持って出発したいために食料品以外の積みこみはすませておく。食品の下ごしらえや保冷剤を冷凍させておく。

❸ 当日（土曜日）AM8:30　出発
食料品をつめたクーラーボックスを載せ、もう一度忘れ物チェックをして出発。通常の行程時間＋1時間半の余裕を見こんでおく。

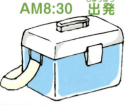

❹ 土曜日　PM1:00　到着
昼食は高速のサービスエリアで舌鼓。その後、キャンプ場に到着。チェックインのとき、指定されたサイトや施設のルールを確認。

❺ 土曜日　PM1:30　設営
キャンプサイトのレイアウトパターン（※106ページ参照）を参考に、テントやタープ、テーブル、キッチンを設営する。

❻ 土曜日　PM3:00　イベント1
ここからが初日のイベントタイム。計画していた遊びを楽しもう。ただし、5時前には夕食の準備にとりかかる。

❼ 土曜日　PM6:00　ディナータイム

季節にもよるが、食事の始まりはできれば明るいうちにスタートしたい。終盤にかけて、ランタンを灯せば、また違った雰囲気が楽しめる。

❽ 土曜日　PM9:00　就寝

自然のなかでは、日が暮れた後の時間は急速に過ぎていくもの。後片付けをすませたら、決められた消灯時間に合わせて就寝しよう。

❾ 日曜日　AM7:00　起床

7時起床といっても、きっと早く目覚めてしまうはず。それくらいキャンプ場の早朝は、自然界のすがすがしさで満ちあふれている。

❿ 日曜日　AM7:30　朝食

近くをのんびり散歩してきたら、朝食の準備にかかる。撤収のことも考えて炭などは使わず、手軽なメニューにしよう。

⓫ 日曜日　AM11:00　チェックアウト

朝食後はのんびりフリータイム。その後はチェックアウトの時間に合わせて、テントなどを撤収していく。忘れ物のないように！

ワンポイントアドバイス！

日曜日の午前11時のチェックアウトでは、まだまだ遊び足りないという家族にとっておきの秘策が…。例えば、お泊まりキャンプでのチェックイン・アウトが午後1時〜翌午前11時の場合、これにデイキャンププランの午前10時〜午後5時を合体させてしまうという作戦。当然、料金はデイキャンプ分加算されるが、夕方の時刻までたっぷり遊べる。

レンタルもいいけど、やっぱり愛用品となる道具を選びたい

よりよい道具を、しかもリーズナブルに賢く選ぶコツ！

わずか数回のキャンプ体験にもかかわらず、自分だけの道具が欲しくなる人もいるはず。

それくらい、どれも個性的で魅力のある道具なのである。テントのような高価なものは、購入時の失敗は許されないため若干の知識がまだ必要だが、キャンプ以外でも使用頻度の高いものや小物類などは、この機会に購入するのもいいかもしれない。

使用頻度の高いものといえば、テーブル＆イスやツーバーナーなど、メーカー別にそれぞれ個性があっておもしろい。ほしい道具を探すときは、ベストシーズンよりも格安で手に入れる方法がある。それはオフシーズン、それも真冬をねらって購入するパターンだ。

賢い方法でリーズナブルに手に入れよう！

アウトドア専門店はあえて回避!?

夏のアウトドアレジャーシーズンには、品揃えが豊富になる。調理雑貨やDIYグッズなど（日曜大工用品など）キャンプで使える物も入手できる。

たったの15,000円!!

シーズンともなれば、店頭にはPB商品が並ぶ。購入の際は、セット品がかなりお得。

セールコーナーは必ずチェック！

たいていは店頭付近に設置されている。シーズンだけでなく、こまめにチェックしたいコーナーだ。

●ブランド品は、シーズンオフにチャンスあり！

その① オークションの前に、事前にほしい道具をチェック

事前にアウトドアショップへ行き、ほしいと思う道具を手にしてみよう。店員さんにあれこれ質問するのもいい。この方法で、道具に対する浅い知識をカバーしてしまおう。

ショップでの相場価格を必ずチェック！

初心者でも使えますか？

使いやすく人気の商品ですよ

その② いざ、インターネット・オークションに参加！

ショップでほしいと思う道具を手にし、おおよその相場の価格も把握できた。そしたら、次はネットオークションに参加する。後は家族みんなで、落札のタイミングをみよう。

落札価格を決めるのって、難しいのよね

どれどれ、最終日の状況はどうなっているかな？

専門店に行けば、思わぬバーゲンもあるよ。また、インターネットのオークションも、調べてみよう。

PART3　キャンプへ行こう！　準備編

キャンプ初心者にとってのベストなテントの選び方
レンタルしかり、購入についても役に立つ3つのポイント

　レンタルだからといって、むやみやたらと何でも借りればいいというものではなく、特にテントについては、借りるときにいくつか押さえておきたいポイントがある。
　初心者にとって購入はまだまだ先のことかもしれないが、キャンプを経験してくると、自然と自分たちのテントが欲しくなってくるものである。これは、テントが『ソフトハウス』と呼ばれるように、自分の持ち家と同じく、居心地のよさが求められることの証しでもある。

第2の自分の家と考えよう！

選ぶときの3つのポイント

①居住性と堅牢性
家族4人でもスペースにこれくらいの余裕はほしい。

天井までの高さが重要

多少の強い風にも負けない強さがほしい。
…張り方に問題がなければね！

はたして、これで何時間いられるか？

うわー

ヒー

居住性のポイントのひとつが高さ。座った状態で背筋を伸ばしても天井に頭がつかないこと。

❷ **季節** 初夏からキャンプのベストシーズンである秋までは、**通風性**と**モスキートネット**（蚊帳）にとことんこだわって選びたい。

その他の季節（主に冬）については、耐寒、耐風、耐雪などがチェックポイントになる。

❸ **構造はあくまでシンプル** シンプルな構造は、張り方とたたみ方がかんたんであることを意味する。

PART3　キャンプへ行こう！　準備編

テント

テントを「簡易的」「ただ寝る場所」などと考えていると、必ずや後悔する。ましてや、キャンプの中心となる"家"なだけに、たとえ1泊であっても慎重に選ばなければならない。**選ぶポイントは、場所や季節、人数など、慎重に**自分たち家族に合ったタイプを選ぶようにしよう。

本番前の予行練習は必ずやろう！

ポールのしなり具合に慣れよう

ポールの組み立てやしなり具合の調整は、慣れるまでちょっとコツがいるかもしれない。

事前に一度練習しておけば、キャンプ場でもスムーズに設営できて安心だよ

家族みんなで、"張り"と"撤収"に慣れよう

事前に、最低でも一度はテントを張ってみよう。公園などの広い場所で、できれば芝生の所がいい。自宅に庭があれば……。

そっち引っぱって

はーい

74

●ロッジ型テント　家のような様相の大型タイプ

長所　広々とした内部による居住性の高さが魅力。1か所での連泊には適している。

短所　大型のために購入時は、情報のみに頼らざるをえない。できれば、実物をショップなどで確認しておきたい。

テント選びのコツ

使いやすいドーム型がオススメ。サイズは提示されている収容人数を参考にするが、くれぐれも4人家族が4人用を選ばないこと。これだと荷物を置くスペースはないので、必ず使用人数＋ひとり分の大きさを選ぶこと。また海外規格の物はサイズが大きく出来ていることも覚えておこう。素材としては、ナイロンに防水加工したものが一般的で、他に機能性や耐久性にすぐれた高級素材のゴアテックスなどがある。

使用人数＋ひとり分のスペースを確保できる広さ

PART 3　キャンプへ行こう！　準備編

●ドーム型テント　ポールを湾曲させて本体をつり上げるタイプ

長所　コンパクトに収納できて軽量なため、持ち運びが楽にできる。ポールを湾曲させるコツさえつかんでしまえば設営もかんたんにできる。まさに初心者のためのテント。

短所　あくまで居住性という点においては、ロッジ型よりは劣る。

○ダブルウォール・タイプ

雨よけフライシートと通気性の高いテント本体生地の二重構造で快適。ただし、風の強い日はシートがあおられてうるさいことも。

○大型スクリーンテント

スクリーンタープとテントを一体化させたもの。設営に若干の手間はかかるものの、開放的で通気性に優れ、居心地の良さは最高。キャンプの新定番になる予感あり。

テントを設営しよう

❶ 中身を確認

付属の説明書等と中身を確認する。フライシート、本体、ポール、ロープ、ペグ、ハンマー。収納時の全形を携帯で撮影しておくと、撤収のときに迷わず収納できる。

ここがポイント！

❷ 設営場所の整備

設営場所が決まったら、石や木の枝、ゴミ等を拾って整地する。寝るときの居心地のためだけでなく、本体シートを破損させないための大事な作業。

❸ 本体を広げる

設営場所に本体を広げる。このときに風に飛ばされないよう1か所だけペグで固定しておく。

❺ ポールを組み立てる

内部の伸縮性ロープによって、迷わずかんたんに組み立てられるようになっている。

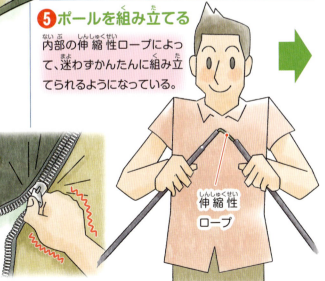

伸縮性ロープ

❹ ファスナーをチェック

ここがポイント！

設営時に全てのファスナーは閉じていることを確認する。もし開いたまま設営すると閉じるのに大変。結果、ファスナーを破損してしまうので注意。

❻ ポールと本体

本体のスリーブ部分にポールを通す。このときにポールは必ず押し込むようにすること。そうすれば、つないだ所からポールがぬけることはない。

❼ ポールを交差させる

反対側（対角線上）のポールも押し通す。この×ができたら、二人でポールの端と端を持ってカマボコ型になるようにゆっくりたわませながら立ち上げていく。

❽ ポールを固定

ポールの先端部のピンを本体の四隅にある穴に差し込む。

❾ 第一段階の完成

本体とポールがしっかり固定されて、はじめてこの形になる。

寝袋（シュラフ）＆シート

本当に蒸し暑い場所なら、シュラフは必要ないかもしれない。しかし、キャンプ場が標高の高い所なら日中と夜間の温度差はかなりのものになる。遊び疲れた身体を安眠によって十分癒すためにも、保温力のあるシュラフはやはり用意すべき道具のひとつだろう。

シュラフの保温力に対し、シートは寝心地のよさを約束してくれる物。日ごろマットレスで寝ている子どもたちにとっても、必需品になるだろう。

夜は冷えるからこそ、保温力重視で選びたい！

キャンプ場の朝は早いので、子どもにはちょっとつらいかも…。でも、お気に入りのシュラフでの睡眠は気持ちよくて、目覚めもスッキリ。アウトドアにいることも忘れて、ついニコニコと微笑んでしまうよ。

●寝袋（シュラフ）のタイプ別　一長一短

マミータイプ（ダウン）

いわゆる繭型で人の身体をスッポリおおってくれる。保温性にとてもすぐれていて、暖かい。

長所　コンパクトに収納できる。

短所　濡れてしまうと、一切の保温力は断たれてしまう。

封筒タイプ（化繊）

ふとんに似ているため使い勝手がいい。オールシーズンタイプよりも2シーズンタイプを選ぶ方が無難。

長所　濡れてもしぼることで、ある程度の保温力は得られる。

短所　収納時にかさばる。

●シートのタイプ別　一長一短

インフレータブルタイプ

発泡ウレタンと空気の注入によるダブル効果が特徴。

長所　保温性、弾力性ともにすぐれている。収納時もコンパクト。

短所　使用時に空気を注入するだけに手間がかかる。

ウレタンタイプ

素材は発泡ウレタンで作られた1枚もののシート。

長所　とても軽量。表面のデザイン（波形や幾何学模様）によっても寝心地のよさは変わる。

短所　空気注入タイプに比べると保温力は落ちる。

ランタン

キャンプを魅力的に盛りあげてくれるものといえば、やはり一番はたき火の明かりだろう。しかし、ランタンの優しい明かりも負けてはいない。放たれる明かりのエリアから一歩離れると、そこは闇。その感覚がなんとも神秘的で癒される。

テント内にはLEDタイプ。フィールドではガスランタンと使い分けよう!

ランタンの役わりは明かりだけではない。虫除けとしての誘蛾灯代わりにもなる。なるべくなら2つ以上は用意したい。

少し離れた場所に設置するランタンは光量を強め、テーブルやテント入り口に置くランタンの光量は弱めにセット。虫対策だよ。

●ランタンの種類

ガソリンランタン

純度の高いホワイトガソリンを使用するので、とても明るいのが魅力。ただし、燃料を気化させるためのポンピング作業など手間がかかる。

ガスカートリッジランタン

ポンピングなどを必要としないため、取り扱いが楽な初心者向き。難点としては、使用後のボンベはゴミになること。また、ガソリンに比べて多少光量は落ちる。

LEDバッテリーランタン

これはテント内部用として必需品。燃焼タイプランタンはテント内で使用しないこと。転倒による燃料漏れや一酸化炭素中毒の危険があるからだ。

キャンドルランタン

ほかに比べて光量は弱いものの、いまだに人気のあるランタン。テーブルでの夫婦の語らいの場や、テント内での怪談話のムード作りには必須のアイテムといえる。

●ランタンの各部の名称とマントルのセットのやり方

マントルとはガラス繊維でできているロウソクの芯にあたる部分。ここが燃焼して発光するのだが、交換が必要な消耗品なだけでなく、使用前には"空焼き"の作業をしなければならない。

各部の名称
- トッププレート
- マントル
- ホヤ
- バーナーヘッド
- 点火スイッチ
- 火力調整ツマミ
- ホヤ開閉ボタン
- ガスカートリッジ

マントルの取りかえ方

① カートリッジをセット

調整ツマミが完全に閉じていることを確認後、カートリッジを本体にセット。指定品しか使えないメーカーもあるため、予備は必ず用意する。

点火スイッチ

② ホヤの取り外し

トッププレートを外し、ホヤ開閉ボタンを両側から押してホヤを外す。

3 マントルの取り付け

マントルの下側が燃焼管のクビレ位置にくるようセット。後はひもで縛るだけ。余分なひもはカット。

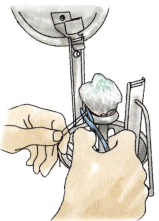

4 形成する

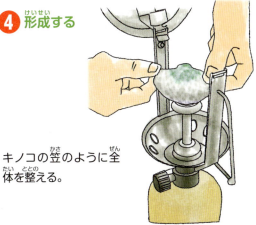

キノコの笠のように全体を整える。

5 空焼き開始

着火用ライターで空焼き開始。

6 ただ見守る

徐々に燃えていく。白くなっている部分は焼きあがりの印。

ここがポイント！
全体が白くなるまでは、決してさわらないこと。

7 仕上がりチェック！

このように全体がむらなく白くなり、なおかつ形が崩れていないことがベスト。

点火スイッチ

火力調整ツマミ

8 ホヤ、プレートを戻す

完成したマントルには触れないようにしながら、ホヤ、トッププレートと順に装着していく。

9 点火チェック

火力調整つまみを左回り（時計と逆回り）にゆっくり回しながら、点火スイッチで点灯。均一な明かりが灯れば、大成功。

PART 3　キャンプへ行こう！　準備編

あると便利なその他のアイテム

　ここに紹介した物は、必ず用意しなければならないというものではない。キャンプの楽しみ方は、それこそ人それぞれ。キャンプの経験を積み重ねていくなかで、自分たちに合ったスタイルを築いていきながら、そのつど必要な物をそろえていくようにすればいい。ここでの紹介は、あくまでカタログ的なものである。

●ハンガー

ポールにセットできるハンガーがあると何かと便利。これはランタンをセットした例。

●キャンプトースター

バーナーの上にセットするだけでパンが焼けるすぐれ物。朝にトーストが食べられると、長期キャンプの食事にバリエーションが持ててうれしい。

●焚き火台

本来は直火禁止の所で使用するものだが、生態系への影響を考えれば使用頻度もおのずと高くなる。

●料理スタンド

火力は鎖の長さによって調節できる。これがあると調理場の中心ができてまとまりやすく、作業効率もアップ。

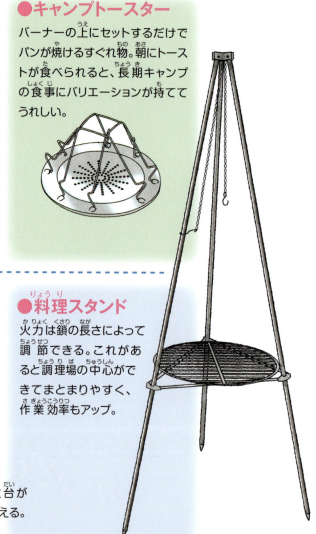

●専用網

これがあると、たき火台がBBQコンロとしても使える。

●簡易ベッド（コット）
これを木陰に置いての昼寝は、最高に気持ちいい。また、大テーブルを囲んでの食事のときには、3人用のイスとしても使える。

●ウォータータンク
これがあるのとないのとでは、サイトの快適さが大幅に違ってくる。容量は最低でも10ℓはほしい。これは20ℓタイプ。

●小型タープ
軽量でしかもかんたんに設置できる。山用というよりも海で使うことに適したデザインになっている。1人〜2人用。

●食器セット
食器には、できれば熱に強くて汚れ落ちのよいメラミン樹脂のものを選びたい。これは4人用で、使用頻度の高い大皿と小鉢、カップがセットになったもの。

●パーコレーター
朝、コーヒーを飲まないと目覚めが悪いという人にはおすすめのアイテム。キャンプサイトに広がるコーヒーをたてたときの香りは最高。

●水切りカゴ
意外と盲点となるのがこのアイテム。特に連泊の場合、食器類は何度も使うことになるため、衛生面でも必ずそろえておきたい物。

●食器用バスケット
食事の用意ができ、テーブルにはしゃれたクロスが敷かれている。そんなとき、こんなバスケットから食器が出てきたら、なんてすてきだろうか。

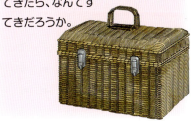

クッカー

PART2でバーナーを用意すれば家庭用調理器具が使えると紹介した。しかし、デイキャンプと違って、荷物が増えるお泊まりキャンプでは、大鍋、中鍋、小鍋、フライパンがセットになったクッカーが何かと便利。

チタン素材クッカー

高度な加工技術で作られる

長所 軽くて丈夫。

短所 高価である。熱伝導率は悪く焦げ付きやすい。

アルミ素材クッカー

加工しやすく大量生産品

長所 比較的安価。熱伝導率がよく焦げ付きにくい。

短所 チタン素材に比べて重い。衝撃に弱く、変形しやすい。

じょうずな荷物の積み方

意外にかさばるキャンプ道具。その積み込み方にもコツがある

「荷物さえ積めれば、なんでもいいのでは…」、という人にはちょっと待てといいたい。積め込んだはいいが、リアウインドウから後方を確認できなかったら危険だし、走行中に荷崩れでもしたら事故にもなりかねない。

基本的にテーブルやバーナー、コンテナボックスなど固い物は下へ置く。そしてある程度荷物の定位置が決まったら、そのすき間にシュラフなどをクッション代わりに埋めるようにしていく。

積み込みは重心を下げるようにするのがコツ！

乗用車の場合

❶ 下に置く物
固い物や重い物を下に置く。平たいテーブルから収納。

❷ 危険物などの配置を決める
ガスカートリッジなどは温度の上がらない日陰に置く。多少のすき間があってもかまわないので、コンテナやクーラー、バーナーなどを置いていく。

❸ すき間を埋める
柔らかな荷物、衣類やシュラフですき間を埋める。これがクッションにもなるし、荷崩れ防止にもなる。

❹ 上部のデッドスペースをなくす
最後に子どもの荷物やザック類を載せる。これでデッドスペースがなくなり、悪路でのバウンド対策になる。

ここがポイント！
開閉バーの可動域は意外にも広い。この時点で他の荷物と接触しないか、慎重に開け閉めして確認する。

固い物でもクーラーは開閉しやすい位置に積む。車中で水分を補給したり、食材を買い求めたりするからだ。

RVまたはワンボックス車の場合

❶ 積み込みは奥から
テーブルなどの平たいものから積むのは、乗用車と同じ。広いラゲッジスペースを利用するために、必ず奥から積んでいくこと。

❷ 降ろす順番を考慮

手前側には最初に降ろすことになる荷物を積む。そうすれば、現地でのサイト設営もスムーズに進められる。

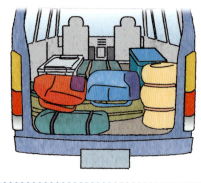

❸ 後方確認ができること
すき間をシュラフやマットなどの柔らかいもので埋めてクッション代わりにする。このときに座席シートの背もたれよりも高くしないこと。後方視界がさえぎられて危険。

車が小さいから積み込めない…
なんてことは理由にはならない。

キャンプ場には
2泊3日分の荷物を
軽自動車に満載してやってくる
ベテランキャンパーも
数多くいるからね。

PART 4

実行編(じっこうへん)

キャンプへ行(い)こう!

PART 4　キャンプへ行こう！　実行編

キャンプ場への正しい一歩

あわてず、あせらず、チェックイン

　さて、準備万端いよいよキャンプ場へ到着。広い敷地に思わず駆けだしそうになるけど、そこはガマンしてまずは管理棟に行こう。宿泊するのだから、ホテルや旅館などの施設と同じくチェックインの手続きが必要。
　前にも述べたが、キャンプ場にはそれぞれ独自のルールを設けていたりする。このときに、その内容事項を管理人さんから聞いておくこと。また、区画サイトでの自分たちが予約した場所やフリーサイトにおいて、空いているスペースのなかでどこが一番快適か、なども併せて聞いておこう。

さあ、チェックインしよう！

ゴミはしっかり分別してください

私たち、今日がキャンプ初めてなんですよー

ルールや必要事項をしっかり聞いて、案内マップをもらう。キャンプ初心者であることなどおしゃべりしてもいい。

予約していたレンタル品もこのときに受け取る。

区画サイト、フリーサイトともに案内マップが必要。忘れずに必ず受け取ろう。

●必ずチェックする3つのポイント

①案内マップ＆案内掲示板

キャンプ場の全体像を知ることはとても大切。場内の幹線道路のコースを把握できれば、そこから離れたサイトを選べる。またトイレのすぐ近くにテントを張っていた…なんてことも避けられる。

道路から離れていると、静かで落ち着くなぁ

②管理人さんの常駐時間

何か不測の事態のとき、管理人さんはとても強い味方になる。頼りにして管理棟へ駆けこんだはいいが、すでに勤務時間外…なんてことはないように。

ドンドン！
管理人さぁーん
あれ？ いない

③夜間閉鎖ゲート

これは門限と同じ。騒音などを配慮することから、キャンプ場の入り口にゲートを設けている所は多い。近くの温泉に行って、戻れないなんてことがないように。

門限があるので、注意！

PART 4　キャンプへ行こう！　実行編

キャンプ場でのマナー&ルール

家族みんなで決まりを守って、おおいに楽しもう！

　自然を満喫しての開放感からか、キャンプサイトの隣どうしが家族ぐるみで仲良くなることは多い。しかし、特に就寝タイムでは、テント内はプライベートな空間になる。テントが、またの名をソフトハウスと呼ばれていることをくれぐれもお忘れなく。
　またキャンプ場には、それぞれの立地条件などから独自のルールを設けているところもある。受け付けをするとき、必ず掲示板などをチェックしよう。このときにできれば親だけでなく、家族全員で見ておくようにする。「子どもは知らなかったから」を言い訳にして、親が謝っている姿をよく見かける。これはぜひともなくしたい光景である。

絶対厳守！　13ヵ条

1. ゴミは持ち帰りが原則

たとえゴミの引き取りオーケーのキャンプ場でも、1泊2日くらいで出るゴミなら持ち帰るようにしよう。

2. ゴミを出さないための工夫

現地で調達した食材なら仕方ないが、事前に用意した食材については、下ごしらえのときにトレイなどは自宅で処理をしておこう。

3. ペットについて

予約を取るときに、ペット可かどうかの確認を入れておく。たとえ大丈夫であっても、噛みぐせやムダ吠えのあるような犬はつれていかないこと。

一家族で占領

4. かまどを使う場合

基本的に一家族（グループ）について1か所の使用がルール。何か所もの使用はルール違反。

5. 水場を使う場合

共同で使う場所なので、洗い物の後の残飯などは残しておかないこと。また、水を使って、スイカや飲み物を冷やすようなこともしないこと。

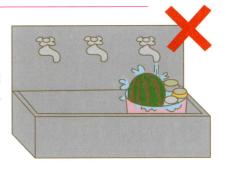

6. 騒音について

カーステレオやカラオケなどはたとえルールに載っていなくても、迷惑にならないようにするのがモラルである。

PART 4　キャンプへ行こう！　実行編

7.スペースについて

例えば、大木の下といった素晴らしいスペースが空いていたとしても、周囲との距離が狭いようなら遠慮すること。特にフリーサイトでは注意しよう。

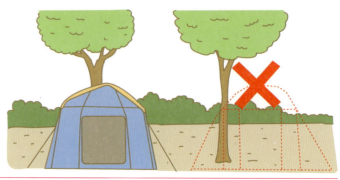

8.花火について

夏の花火は子どもたちにとって一大イベント。でも、テントなどの素材は火などの熱にとても弱いので、十分に注意して楽しもう。

9.車について

車で直接入れるサイトは、便利な分だけ注意が必要。危険防止のために徐行運転を心がけること。長いアイドリングは騒音だけでなく、排気ガスのにおいも迷惑になる。また、4WD車などでの未舗装路の走行は自然破壊になるので、絶対にしないこと。

徐行運転

10.自然について

山菜や川魚などがたくさん採れるようなときも、家族が食べられる分だけにしておこう。そうすれば、また次に来たときに自然は恵みを約束してくれる。

11. 子どもについて

元気なことはなによりである。しかし、はしゃぎ過ぎには注意。しつけも大切だが、こんなときこそ、日ごろからのコミュニケーションが試されるときでもある。

12. たき火について

キャンプの醍醐味のひとつにたき火がある。しかし、年々直火オーケーのキャンプ場は減りつつある。それぞれサイトのルールを守って楽しむようにしよう。

13. 洗剤について

キャンプ場では中性洗剤は使用できない。これは自然界に存在するバクテリアを殺してしまうからだ。台所用石けんを使うか、お湯で洗い流してしまうこと。

❶ 汚れをふき取る。
❷ お湯につけておき、最後に水で洗い流す。

PART 4　キャンプへ行こう！　実行編

あくまでも子どもが主役ということを忘れないために

初めてのキャンプは、大人はもちろんのこと、子どもだって大興奮！

　ここでいう主役とは、なにもドラマの主人公のことではない。子どもにも**大人の世界へ積極的に参加させる**ことを指している。参加って？　それはズバリ子どもたちを働かせることにある。キャンプでは、一連の作業（労働）は見方を変えれば全ては遊びの延長線上にある。大人たちの仲間に入れてほしいと願う子どもの気持ちをつかんで、役割を与えてあげよう。

　家では手伝うことなど皆無だった子どもたちが、生き生きと作業を手伝ってくれるようになったらしめたもの。実際、子どもの成長を見てとれるのもキャンプの良いところである。

"自立への第一歩"を誘うヒント

子どもにお手伝いをさせよう

火遊び解禁
パタパタ！

キャンプの火起こしは遊び感覚でもかまわない。なぜなら、目的は火を起こすことがうまくなることだからね。

たき木拾い

楽しいたき火が待っていることがわかれば、子どもは積極的にたき木拾いを手伝うようになる。

ママ、重くない。わたしがもう少し持ってあげようか

子どもに主役でいてもらうための気配り

バーナーの炎

特に日中は炎が見えにくいので、バーナーの着火を目視するのは難しい。手をかざして着火の証である熱さを家族全員で確認しよう。

危険だからこそ、身をもって教えたい

注意して、手をかざしてごらん

そぉ～～と

環境の変化

子どもはちょっとした変化にも敏感である。食が細くなったりしたときは、一品くらいはいつもの母の味を用意してあげよう。

やっぱり母の味が一番

おいしいよっ

わぁ、よく食べたね。おいしかった？

早く焼けないかなっ

とっさの緊急おやつ

おなかがすいているのに、まだまだ食事時間には早過ぎる。そんなときはかんたんに、しかも手早くできるおやつを作ってあげよう。おモチは焼くだけなのでオススメ。

PART 4　キャンプへ行こう！　実行編

夕食のスタート時間は、必ず明るいうちに…

おいしいみんなの顔が見られると安心だよね

外という空間、夜の暗さ等、子どもにとっては何もかもが初めてで少なからず不安もあるはず。明るいうちの食事の目的は、家族みんなのおいしい笑顔を見せてあげることにある。

寝冷えに注意

寝相の確認とくつ下で対処

日中は暑くても、山間にあるキャンプ場の夜は、予想以上に冷える。できれば二度、三度と夜中に起きて、子どもの寝相を確認しよう。特に明け方には注意。冷えこみが厳しいときは、くつ下を履かせてあげよう。

テント内の明かり

せっかくの自然のなかでの夜だから、煌々と明るいのは…と思っても、子どもは暗がりを嫌うので、ランタンなどでテント内は明るくしてあげよう。

ランタンをセットしよう

テントに入ったら、まず灯り

怖くないよ

おねしょ対策

キャンプ場のトイレは遠いもの。大人でもいくのは、ついおっくうになってしまう。自分がいくときは必ず子どもも連れていく。またもしものときを考えてシュラフはダウンではなく、化繊タイプにしよう。

バスタオルなどを多用しよう

101

PART 4　キャンプへ行こう！　実行編

キャンプ場にある2つのサイト
"区画サイト"と"フリーサイト"の違い

　キャンプ場のシステムには、"区画サイト"と"フリーサイト"とがある。どちらか一方を取り入れている所もあれば、大型の施設では両方あり、サイトが分かれていたりもする。
　区画サイトは、指定された区画を借りてキャンプするサイト。通常、区画内は駐車スペースとテント設営スペースに分けられ、きれいに整地されていることが多い。自然感覚は薄れる分、設営は楽である。
　一方のフリーサイトは、一般的なルールを守りさえすれば、区域内のどこでキャンプをしてもかまわないサイト。区画サイトに比べればかなり自然を満喫できるが、自分たちで決めなければならない難しさもある。

設置（レイアウト）が自由なフリーサイト

慣れるまではちょっと大変だけど、自然と自由が満喫できて楽しいよ！

フリーサイトでも、このようにカーサイドキャンプができる所がオススメ。車が近くにあると、何かと便利。

設置（レイアウト）の詳しい解説はチャート　106ページへGo!

2つのサイトの一長一短をチェック！

区画サイト

決められたスペースでテント設営

長所 設置ポイントが決められているので、迷わずレイアウトができる。

短所 自由度は低く、自然感覚に乏しい。

どちらのサイトも、場所決めはキャンプ場での先着順になる。早めの到着を心がけよう。

フリーサイト

指定区域内なら自由にテント設営

長所 ここぞと決めた場所に自分流のレイアウトができる。開放感がうれしい。

短所 場所決めの必要事項（トイレやゴミ捨て場、炊事場など）を考慮し、全て自分たちで決めなければならない。

フリーサイトで場所を決めるときの留意点

快適に過ごせる場所を探そう

区画サイトと違って、自由に設営場所が選べるフリーサイト。自由に…ということは、つまりは自分たちで探さなければならないことでもある。当然、フリーサイトといえどもキャンプ場の管理下にあるので、すぐに人命にかかわるような危険な場所はないし、あったとしても立ち入りは制限されている。しかし、あくまでこのサイトは「より自然に近いなかでのキャンプ」なので、決して無茶や無謀なことは許されない。ロケーションのよさだけで設営場所を決めることも楽しむうえでは必要だが、最低でも以下のポイントは押さえておこう。

何かあったら自己責任!?

●設営場所として"絶対に"避けなければいけない所

①川の中州　絶対に危険！

上流での雨やダムによる放水は予測が不可能。増水した流れは、たとえ膝下くらいでも渡渉は困難になる。多くの悲惨な事故を教訓にしよう。

②崖の近く＆木の真下
落石＆落雷

万が一にも崖崩れにあったら大変。危険性のある所からは離れて設営。また、確かに日陰が広く涼しいが、夜間の夜露に道具類はびしょ濡れになる。また落雷の危険もある。

③湿っている所
不快感MAX

くぼ地になっていることが多く、湿っているのは雨水がたまりやすい証拠。虫も多く、不快な場所である。

④炊事場との距離 疲労困憊

直接危険とは関係ないが、近いと人の気配や明るさが気になってしまう。逆に遠すぎると、水汲みや洗いものに余計な時間がかかってしまう。

⑤高台になっている所 安眠✗

一見すると見晴らしはよくてキャンプに最適な場所に思えるが、まともに風が吹きつけるので危険な場所である。夜は夜で吹きつける風がテントをゆらして安眠ができない。

風向きを知ろう

まさしく"どこ吹く風"と予測不能に思われるかもしれないが、日中と夜間で風の動きはおおよそ決まっている。

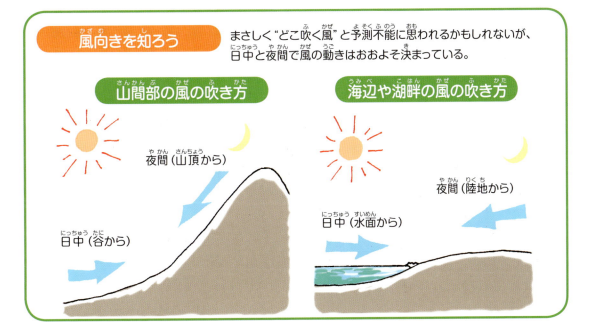

山間部の風の吹き方
- 夜間(山頂から)
- 日中(谷から)

海辺や湖畔の風の吹き方
- 夜間(陸地から)
- 日中(水面から)

PART 4 キャンプへ行こう！ 実行編

サイトのレイアウトパターン

キーワードは"動きやすさ"と"風向き"

　サイトが決まったら、いよいよレイアウトの開始である。レイアウトとはいわば配置することで、これにはいくつかパターンがある。配置なんて聞くと拒絶反応を起こしかねないが、基本要素となる車やタープ、テントの位置関係を決めることは意外にも楽しいものである。まずは、チャレンジしてみよう。

　レイアウトは、人の動きやすさ（動線）と風向きを第一に考えなければならない。その2つを選んだサイトの状況に合わせて、基本要素を臨機応変にレイアウトして快適なサイトを作ろう。なお、車の駐車位置が決められている区画サイトの場合、どうしても車の真横にタープを張るレイアウトになってしまうだろう。

フリーサイトでは、車の位置が重要！

●動線が円形になる快適なレイアウトパターン

人の動線が円になることによって、サイト内をスムーズかつコンパクトに行動できる。居住性も高く、どこにいても子どもに目が届くうれしいレイアウト。

快適&コンパクト

上から見たレイアウト

風の向き
車
テント
タープ
キッチン

子どもの多い大家族は、このレイアウトを心がけよう。両親は、安心して子どもたちを遊ばせられるよ。

106

●眺望を満喫するためのL字型レイアウトパターン

眼下に広がっている景色と開放感をできればそこないたくないときのレイアウト。キッチンの配置が悩みどころだが、図の位置に決めれば、かろうじて動線もつながるようになる。

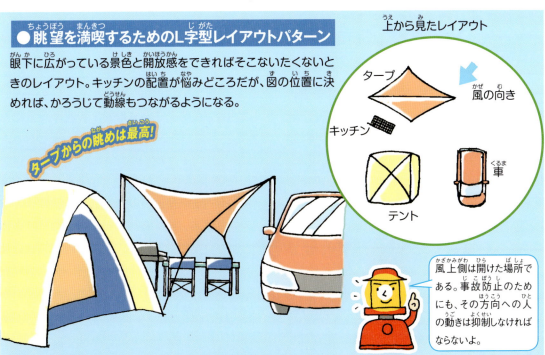

風上側は開けた場所である。事故防止のためにも、その方向への人の動きは抑制しなければならないよ。

●風対策をメインに考えたレイアウトパターン

見ればわかるとおりで、風向きを遮断する位置に車を配置。車が風よけになっている場所は、テントやタープそのものではなく、人が動くスペースであることに注目しよう。

車を移動させたことによりコンロの炎からサイトは守られたが、風が強い場合はコンロを風下に移動しよう。

PART 4　キャンプへ行こう！　実行編

安眠への第一歩 "寝床作り"

湿気対策とクッション性に安眠のコツあり

　キャンプ嫌いに、テント内での寝つきの悪さをあげる人は意外に多い。寝不足になると、計画していたイベントも楽しめないし、一日中頭痛ということにもなりかねない。原因は、マットレスやシュラフに気持ちがいって、肝心の寝床をおろそかにしてしまっている点だ。

　まずテントを張るときの整地をおろそかにしないこと。たとえ小さな石でも背中などに当たると不快になる。後は湿気対策。テントの床へ直接マットを敷くのではなく、もう1枚別のシートを用意しておこう。くれぐれもグランドシートに直接シュラフで寝ないことだ。

シュラフの保温性を生かすも殺すも寝床次第！

寝床作りの手順

もう1枚シートを敷く前にグランドシートの上から凹凸はないか、傾斜がないか、実際に横になって確認してみる。

❶ 凹凸をなくす

地面からの湿気対策と保温力アップのためのシートを敷く。専用の室内シートでもいいし、よく見る安価な銀色マットを使用してもかまわない。

❷ 室内用シート

❸ 冷えるときの対策

さらに個別シートを敷く。もしも底冷えが止まらないときは、グランドシートと室内シートとの間に新聞紙やダンボールをはさみ込むと効果がある。

❹ 完成！

それぞれの個別マットレスの上にシュラフを敷けば、完成。

キッチンを設置しよう

料理の味に直結する手際のよさをサポートできるキッチンを目指す

サイトで使い勝手のよいキッチンとはどんなものなのだろう？　その答えは自宅のキッチンにある。以前のキャンプといえば、調理台のない洗い場だけの炊事場で準備し、低いかまどに用具も地面に置いて…が相場だった。つまりしゃがんで調理していたのである。自宅のキッチンと同じく、やはり調理は立って行いたい。そのためにはいくつかスタンドを用意。
また設置場所は、雨天以外は必ずタープの外にしよう。就寝の際には夜露対策にテントの軒下へ移動させておく。

コツは、なるべく高さをそろえて水平に！

理想的なキッチンの設置例

A ウォータータンク＝水の取り入れ口を若干ゆるめておくと水の出はよくなる。

B ツーバーナー＝バーナーはできれば専用の台を用意しよう。その方が安定して安心。

C 調理台＝テーブルでもかまわないが、あると調理効率は格段にアップする。

D ハンガー＝ハンガーつきの調理台があればランタンを下げられる。ないときは、ヘッドライトを使用。

E 食器乾燥ネット＝連泊キャンプのときの必需品。

F クーラーボックス＝衛生面のことからも、地面に直接置かないこと。

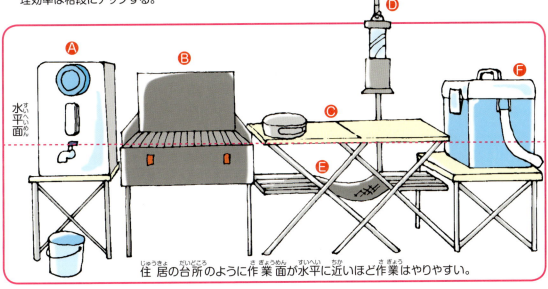

住居の台所のように作業面が水平に近いほど作業はやりやすい。

PART 4　キャンプへ行こう！　実行編

海辺のキャンプ場で快適に過ごす

キーワードは"太陽・風・砂"

　海と聞くと、やはりシーズンは夏、それも真夏をイメージするかもしれない。しかし、キャンプ場を海辺に選ぶ場合は、夏のシーズンは避けるほうが無難だ。日中の暑さはもとより夜も蒸し暑くて寝苦しい。おまけに海水浴の人たちで騒々しくて落ち着かない。

　これが秋の海になると表情は一変する。海岸にいる人はまばらで風もさわやか。おまけに秋の海は、私たちにおいしい海の幸を提供してくれる。魚介類のBBQは、やはり地元でしか味わうことのできない味覚なのだ。秋は、海キャンプの季節でもあるのだ。

海キャンプのベストシーズンは、ズバリ"秋"

太陽&風対策

秋といえどもそこは海。陽射しと海風対策は万全にしよう。

車は臨機応変に移動可能なようにする。海風の遮蔽にと、いつまでも海側に駐車していたらせっかくのロケーションは台無しに。

サイトには木陰ができる場所がベスト。暑さのピーク午後1～2時にタープが木陰になるようにレイアウトする。

風の向き

●遊び疲れて暑さにバテた子どもには…

気温の上がる日中、子どもたちを一休みさせるときには、テント内に濡れタオルを下げる。気化熱によって、過ごしやすくなる。

風の入り口 / 濡れタオル / 両方解放 / わー、天然クーラーみたいー

●これで砂対策もバッチリ

テント内に入りこんだ砂は不快なうえに始末が悪い。こんな携帯用チリトリ&ホウキを用意しておこう。

100円ショップでかんたんに手に入るよ

●ペグ対策

砂にペグは固定しにくい。これは竹を使ったひとつの打開策。

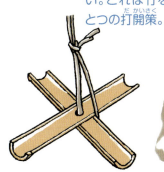

❶ 2枚の竹を用意。中央に穴を開けてロープを通す。

❷ なるべく小さい穴(深さは30cmくらい)を掘って、竹を十文字にセット。

❸ 砂を埋め戻し、踏んで固めれば完成。

キャンプのだいご味 "たき火"

調理の熱源ではなく、炎そのものを楽しむ

こうこうと燃えるオレンジの光に包まれているときの温かさ。"バチッ、パチン"と薪の爆ぜる音。そんなたき火の体験をしている人は少なくないはずである。しかし、たき火をするなら、自然へのダメージも考えなければならない。子どもに同じ体験をさせたいときは、たき火OKのキャンプ場を事前に探しておこう。たき火OKのサイトのなかにも、直火が可能なところと、たき火台を使用しなければいけないサイトがあるので注意しよう。

たき火OKのサイトでスマートに楽しもう！

たき火に必要なもの

たき火台
専用の物もあるが、BBQコンロでも代用可。ただしスタンド部分が継ぎタイプでないと×。

① ② 継ぎの足をはずす。

軍手　うちわ　トング

うちわもいいけど、これがあるととても便利だよ　ハンディファン

薪（大）　薪（小）　小枝（炊きつけ用）　新聞紙

火のおこし方

❶ 新聞紙・小枝・割った薪（小）をセット

新聞紙を固く丸めて中央に置く。そこへ小枝と薪（小）割ってさらに細くしたものを置いて着火。このときに割った薪をあまり密には置かないこと。

割った薪（小）／小枝／専用のたき火台／新聞紙

❷ 薪（小）をくべる

新聞紙の炎が小枝、小枝から薪へと燃え広がりはじめたら、ここで薪（小）を火の中へ入れていく。炎の勢いにまかせて入れ過ぎないこと。

薪（小）

❸ いよいよ真打ち、薪（大）の登場

薪（小）が燃えはじめたら、いよいよ薪（大）の登場。平たくくべるよりもこの方が燃えはいい。ただし、必ず焼き崩れることを考えて量は調節する。

薪は必ず立ててくべること

❹ うちわで炎を育てる!?

薪（大）はそのままではまず燃えない。そこにたき火のおもしろさがある。うちわなどを使って火を移そう。どちらかというと、炎を育てるイメージ。

パタパタッ

ここがポイント！
薪（大）を入れ過ぎると酸素が行き届かずに失敗に終わる

中心（★）へ風が届くようにあおぐこと

PART 4　キャンプへ行こう！　実行編

❺ 薪（大）が黒くなったら成功の証！

薪（大）の全体が黒くなっているのは、芯が燃えはじめた証拠。たき火の成功である。

薪自体の形も変わる

❻ 炎もいいけど、おき火も神秘的!!

薪の全てが炭化した状態。あぶり焼きなどをするのに最適な状態。また新たな薪を火の中に入れればすぐに燃えだすので、たき火を続けたければこの状態を保つ。

おき火状態になっている

❼ よいおき火ほど、おいしい焼き物ができる

❻の状態のときに、いったん薪を火の中へ入れるのを止めて、餅やマシュマロなどを焼いてみよう。

いいおやつになる。

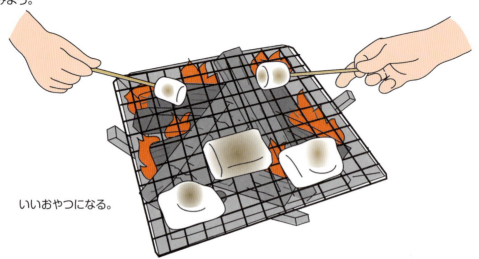

●たき火のときの注意点!!

❶頭上 屋根などの障害物のある所では燃え移りの危険があるため、たき火はNG。

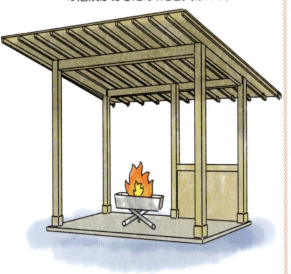

❷服装 ウインドブレーカーやフリースは熱に弱い素材。溶けると火傷の危険や、火の粉がかかるとかんたんに穴が開いてしまう。デニム生地が最強。

❸子ども 火のありがたさや危なさを十分伝えてあるとしても、火の近くで他のことをさせないこと。たき火台を倒したりしたら…。注意を怠らないこと。

❹木

木の下はたき火NGスポット。もしも落ち葉などが吹きたまっていたらとても危険。

115

PART 4　キャンプへ行こう！　実行編

寝る前の準備と安眠のためのコツ

安心してグッスリ眠るためにやっておくべきこと

　キャンプはアウトドア、つまり自由で単純な生活を自然のなかで楽しむもので、ときには予期せぬことも起こる。台風や集中豪雨だと、避難しなければならないが、それ以外の状況変化については、常に想定内としてあらかじめ準備をしておこう。

　夜露＆夜間の雨に濡れてはまずい物（バーナーやキッチン道具等）はタープの下よりもテントの入り口の軒下に移動しておくこと。こうすれば吹きこむ雨にも心配はいらない。また急な温度変化による暑さ寒さの寝苦しさ対策にも万全を期しておきたい。特に、ただでさえ体調を崩しやすくなっている子どものためにも注意しよう。

自然相手の遊びだからこそ、準備は万全に！

テントの入り口にはフライシートによる軒下ができる。濡らしたくない物はここに避難させておけば安心だ。

フライシート

軒下にできたスペース

テント入り口

●気候に合わせた安眠のためのコツ

例えば、高原のキャンプ場を選んだ場合、夜は日中の気温が嘘のようにぐっと冷えこんでくる。また日中から降り続いた雨が止むと、今度は逆に急に蒸し暑くなることも…。テントでの安眠のコツは、室内外の状況に合わせて、臨機応変に対応することにある。

暑さ対策のコツ① タオルケットを多用する

蒸し暑いジメジメした夜は、シュラフよりも家庭で使っているタオルケットの方が快適に安眠できる。ただし朝方は冷えるので、子どもにはソックスなどを履かせてあげよう。

暑さ対策のコツ② 封筒型を選ぶ

夏のキャンプではマミー型よりも封筒型のシュラフの方がいい。ファスナーの開閉度で通気をコントロールできるし、なかに入らずに上掛けとしても使用できるからだ。

虫対策のコツ ＴＰＯによって使い分ける

今はたくさんの虫除けグッズがある。テントのなかで火を使うことは危険なので、そうではない電池式タイプのものを活用しよう。スプレータイプのものは、直接吹きつけるのではなく、一度手のひらに噴霧してからすり込むようにしよう。

これは火を使うため外用。

寒さ対策のコツ 湿気を取る

あまりに寒いからといってシュラフのなかに着こむと逆効果になるので注意。また頭までスッポリ入れないこと。吐く息の湿気がすぐに冷気に変わり、いつまでも暖かくならない。また、下からの冷え込みは、地面とグランドシートの間に湿気がたまっているためで、段ボールや新聞紙を敷くと湿気取りになる。

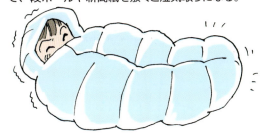

117

PART 4　キャンプへ行こう！　実行編

雨の日だって、へっちゃら！　大人が率先して楽しむべし

朝、テントのなかで目が覚めると、シトシトとフライシートをたたく雨音。その瞬間、父親は今日の計画が中止になったことを痛感する。しかしだからといって、がっかりしてはいけない。それを感じとった子どもは、大人たち以上にがっかりしてしまうからだ。テントでは、密閉さが功を奏して家族みんなでワイワイ楽しめる。また小雨くらいなら、「えい！」、と外に出て、雨に濡れた草花や木々がどんなに色鮮やかで美しくなるかや、幻想的になる森の静けさなどを体験させてあげよう。

雨の日のキャンプ。とっておきの過ごし方！

雨降りの過ごし方①

パパには負けないぞ
わーわー
よーし、勝負だ

〔トランプ〕

単純なゲームほど盛りあがるから不思議。家族いっしょってホントに楽しい。

〔石積みゲーム〕

川原で集めておいて石をより高く積んだ方が勝者。

雨降りの過ごし方②
〔温泉&道の駅へ行こう〕

日本は世界でも有数の温泉大国。ちょっと足を延ばせば、温泉施設は必ずといっていいほどある。帰りに道の駅などにも寄って、おいしい食材やおみやげをゲットしよう。

雨降りの過ごし方③
〔自然博物館&歴史館を訪ねよう〕

自分たちが訪れた場所をもっと理解したくなったら、その土地の自然博物館や歴史館を訪ねるといい。ある歴史的人物の出身地だとわかったりして、意外な発見があることも。

手際よく後片づけ、そして撤収

基本は元の状態へ戻すことが大切

キャンプ場を去る朝は少し早めに起床しよう。あわただしい撤収は、都会の喧騒に戻るための予行演習みたいで、自然から受けた恩恵が台無しになってしまう。

できれば、朝食後に一杯のティータイムがほしい。これは何もバーナーの熱を冷ますためだけの時間ではない。ホッと一息つくことで、家族みんながそれぞれにこのキャンプの思い出に浸れる。なお、お世話になったサイトは現状復帰に努めること。これは次の人へのマナーでもあるが、再び自分たちがキャンプ場へ来たときのためでもあることを忘れずに…。

帰りたくなくなったら、キャンプ大成功!

サイトの撤収のコツのコツ

撤収は、最初にどこから片づけを始めるかが肝心。まずはテント内とキッチン回りを家族で分担して、同時に片づけを始めよう。そうすれば、その後の撤収もスムーズに進むはずだ。

テント内

シュラフやシート、ランタンなどを片づける。

キッチン道具

バーナーなどは冷めていることを確認してから収納を始める。食器類やクッカーなどは専用の炊事場で軽く水洗いをする。洗剤を使ってちゃんと洗うのは、帰宅してからにしよう。

テントの正しいたたみ方のコツ

次回も今回と同じくテントを使うためには、正しくたたむことが大切。
汚れやカビ、いやな臭いの発生を抑えるコツは、ゴミ出しと乾燥、エアーぬきにある。

❶ゴミ出し
テントを固定していたロープやペグは全て外す。テントそのものを倒す要領で入り口を下にする。

ゴミを出そう

ここがポイント！
ポールをつかんでゆすると全体が振動してくれる。

❷干す
立木などを背（風対策）にテントの底のグランドシートを干す。このときにフライシートも同様に干しておく。湿ったままの撤収は必ずカビが生えるので注意。

❸ポール撤去
四隅からポールを外す。ポールスリーブの開いている方へポールだけがぬけるように押し出して外す。決して開いていない方へは押さないこと。

押し出す方向

❹完全なゴミ出し
テントの入り口から表と裏をひっくり返す。こうすることで、なかのゴミを完全に除去することができる。特にお菓子などの食べかすは取り除いておくこと。

PART 4　キャンプへ行こう！　実行編

❺ たたむ前に

表と裏を元に戻す。グランドシートを下向きにしてロープなどを上にのせる。このときにテントの入り口は3分の1くらい開けておくこと。これは空気ぬきのためである。

❻ 半分にたたむ

テントの四隅を持ってまず半分にたたむ。さらに半分にたたむ。このときの一辺は仕舞い寸法（収納ケース）と合わせておくこと。しっかり端と端を合わせよう。

仕舞い寸法

❼ 帯巻きにする（エアーぬき①）

仕舞い寸法になったものを胴に巻きつけていく。こうすることによって、テント内のエアーをぬくことができる。

クルクル

❽ 膝を使う（エアーぬき②）

または膝へ押しあてながら、エアーをぬきつつしっかり巻いていく。

ここがポイント！
入り口とは逆側から巻いていかないとエアーはぬけていかない。

❾ ポール

ポール内のショックロープを伸ばして折りたたむ。まとめて行わずに必ず1本1本作業を進めること。

❿ 収納

最後にポール、ペグ、フライシートなど仕舞い忘れがないか確認（携帯写真で確認）後、収納ケースへ収める。

シュラフのたたみ方

❶ 幅をそろえる
マミー型は先細りになっている。この細い幅が仕舞い寸法になっているため、その幅へ合わせてたたむ。

❷ 巻く
クルクルと巻いていく。このときに空気がぬけていないと収納ケースには収まらない。力を入れて巻いていこう。

❸ ケースに収める
広がったりふくらんだりしないように抑えながら収める。仕舞う側から手の平で押し込むようにするとうまくいく。

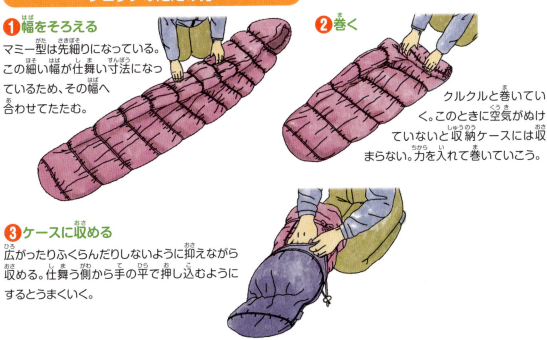

大まかなメンテナンスはキャンプ場が最適

テントやシュラフにおいて、重要かつかんたんなメンテナンス（補修や洗濯などは別）は干すことにある。湿気などからくるトラブルは収納後に起こるため、必ずやっておきたい。

キャンプ場を去る朝の理想的な光景。できれば1時間くらいは風と天日にあてておきたい。

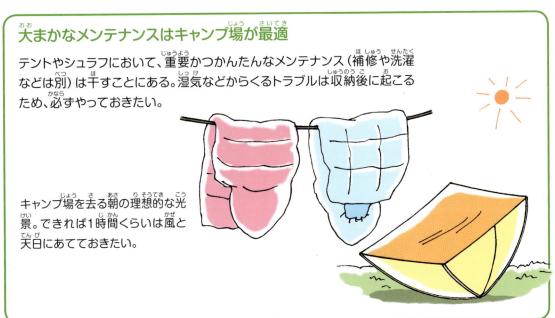

123

たき火の後始末

たき火は、できれば燃え尽きるのを待ってから片づけるのがベスト。だから全ての撤収を終えてから行おう。またこの行為はどこか儀式めいていたりもする。これが終われば、サヨナラだからだろうか…。

❶ 完全に燃やす
薪が完全に燃えつきたことを確認してから、作業開始。もしも燃え残っている場合は、水をかけて完全消火させる。

❷ 石にも注意
直火でたき火を行った場合は、かまどとなった石にも水をかけること。かなりたっぷりかけよう。高温になった石はなかなか冷めないので、注意。

❸ 元に戻す
石が冷めたら、たき火の痕跡は跡形もないようにする。かまどは崩して、石のひとつひとつを四方に散在させておくこと。

ススケた石は洗うなどする

❹ 洗う
大抵の場合、かまどに使った石は黒く焦げてススけた状態になる。これをそのまま散在させてはいけない。ひとつひとつを川の水などでていねいに洗って落としておくこと。

❺ 埋め戻す
地面のたき火の跡は、全体を掘り起こして埋め戻しておく。こうすることで、ほぼたき火の痕跡は消せるはずだ。

❻ 入れ物に入れる
燃え残ったものは、燃えかす専用の入れ物を用意して必ず持ち帰ること。

PART 5

海・川・山・野遊びをしよう

PART5 　海・川・山 — 野遊びをしよう

海で遊ぼう！
磯に干潟に防波堤、その気になったら遊び場は満載

"何もしないことをしに行く"これがキャンプの成功の秘訣だが、これは、無理なスケジュールでヘトヘトになるよりも、まずはのんびり自然のなかで過ごすほうが大切だからである。

しかしその一方、自然を相手に遊ぶ機会は、キャンプのような特別なときにしかチャンスはない。それに最初から遊ぶことを目的にキャンプ場を選ぶことにも、それはほかにない充実感がある。のんびりしたくてチェアに座っていても、きっとお尻のあたりがムズムズしてくるはず。目の前に広がる自然を、無視できる人間などいないのである。

四季がはっきりしている日本の自然は実に豊かで、それぞれの季節による遊びの種類もバラエティに富んでいる。
　自然を相手にするフィールド遊びは最高だ。でも大人だけが楽しむのではなく、子どもにもその遊びの楽しさを同様に伝えてほしい。なぜなら自然遊びは自然の持つ多様性を知らしめてくれるとともに、自然を大切にする心も同時に育ててくれるからである。
　海はそれこそ生物の宝庫。潮の引いた砂浜での潮干狩りでは、家族みんなが一生懸命になれるし、潮だまりなどはまるでミニ水族館。岩と岩のすきまに注目すれば、お寿司屋さんでしか見たことがなかった吸盤だらけのタコの足がうごめいていたりする。

PART5　海・川・山 — 野遊びをしよう

ビーチコーミングで芸術家になろう

波打ちぎわは、たくさんの戦利品でいっぱいだ！

海岸の波打ちぎわにはいろいろなものが落ちている。ちょっと歩くだけでもたくさんのものを拾うことができる。これをビーチコーミングという。

なかでももっともポピュラーでひときわ美しいのがサクラガイ。ベニガイやモモノハナガイなども総じて桜貝と呼ばれている。

また、海岸に漂着するのは自然のものだけではない。代表的なものにビーチグラスがある。これはガラスの破片であり、見る人によってはゴミかもしれない。しかし、波という自然の力が長い時間をかけて作りだしたものだけに、2つとして同じ色や形をしているものはない。光に透かしてのぞいてみよう。きっと大切にしたくなるはずだ。

●ビーチコーミングでの戦利品

貝殻
よく目を引くビーチコーミング。巻き貝や二枚貝など、その種類はさまざま。

陶器
破片の絵柄やその形から、もとは何であったか想像しながら拾うのも楽しい。

ビーチグラス
もとは透明だったものがこすられて半透明に。それは独特な美しさである。

生物の骨
ほとんどは波に磨かれて何の骨かはわからない。

流木
湾に注ぐ川から流れてきたのか。はたまた遠い島から流れてきたのか。想像はつきない。

ヤシの実
はるか遠くの南の島まで連れていってくれる。もちろん、想像の世界での話。

ビーチコーミングでのモノ作り① ランプシェード

1. 型となる空き缶（背の低いものなら350mℓ缶、高いものなら500mℓ缶を用意）に木工用ボンドなどでビーチグラスを接着していく。

2. 上部までビーチグラスでおおう。完全に接着後、壊さないように底から型の缶を少しずつぬいていく。

3. ライトをセットしたランプ台にシェードを接着固定したら完成

ところどころに貝殻を入れてもよい

→ポイッ

さまざまな色のビーチグラスをちりばめた方がキレイだよ

くれぐれも接着剤がはみ出て缶に着かないようにね

型によってはこんな形もできる

ビーチコーミングでのモノ作り② 貝殻モビール

1. 二枚貝に穴を開ける。このようにコンクリートなどにこするとかんたんに開けられる。

2. ひとつひとつ糸へ通すたびにかた結びで固定する。

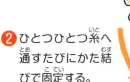

少しふれるくらいの間隔だと、ゆれたときに"カラカラ"と鳴るよ

3. 後は竹ヒゴの両端につなぐ。そしてこのようにバランスがとれるように組み合わせたら完成。

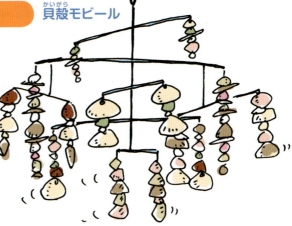

PART5 海・川・山ー野遊びをしよう

海に来たら、潮干狩りにチャレンジしよう

潮干狩りのコツのコツを覚えて、アサリをたくさんゲットしよう

　潮干狩りは楽しい。採るおもしろさと食べるうれしさはもちろんのこと、大人だけでなく、それこそ小さい子どもまでがいっしょになって楽しめるからだ。でも楽しいだけじゃない。みんなが夢中になれるし、意外や意外、その日の収穫チャンピオンは幼稚園に通う女の子だったりするからビックリ。

　潮干狩りはいろいろな海岸でできるが、ある程度の収穫を期待するなら、やはり有料の場所を選ぶようにしよう。利用料を払ったり、持ち帰り量などは決まってはいるものの、大量の稚貝をまいている場所の方が無難だ。それに気がついたら家族で密漁者になっていた、なんてことにもならないので安心。

● 潮干狩りに必要な物

基本スタイル

涼しい服装（日差しが強いときは長袖）

ツバのある帽子

シューズ（ビーチサンダル×）

網袋

持ち帰り量の決まっている場所では、無料で配っていることが多い。

クーラーボックス

持ち帰るには絶対に必要なアイテム。これにザルを合わせると、砂だしをしながら帰れるので一石二鳥。

クマデ

ホームセンターなどで入手可能。大きさに規定があるため、欲張って常識外れの大きさの物は買わないこと。

簡易イス

長時間の中腰姿勢はさすがに辛い。折りたたみ式の簡易イスは軽くて移動にも便利。

潮干狩りのコツのコツ①　日取りを決める ➡ 潮の干満をチェック

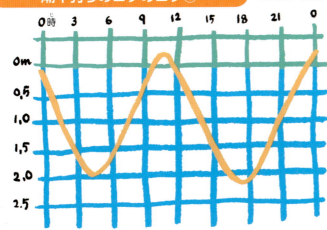

これは潮汐をグラフ（潮位グラフ）にしたもので、潮干狩りに理想的な潮の動きをする日の一例。干潮近くの12時を中心に午前9時から午後14時前後までが潮干狩りの絶好タイムとなっている。ちなみに干満の差は大潮から中潮にかけて大きくなる。

注：潮のサイクリズム

大潮→中潮→小潮→長潮→若潮→中潮→大潮→中潮→小潮→長潮→若潮→中潮→大潮

潮干狩りのコツのコツ②　エリアを探す ➡ アサリのいる場所 "カケアガリ"

むやみやたらと砂を掘り返すほど能率の悪いことはない。潮の引いたところを観察してみると、畑の畝のようになっているはずだ。この凹凸の盛りあがっている傾斜部にアサリは潜んでいる。ここにはアサリの大好物のプランクトンが集まるからだ。

岸から離れたカケアガリは
ハマグリのポイントだよ。

引き波や押し寄せる波がぶつかるこの部分に
プランクトンは集まる。

PART 5　海・川・山－野遊びをしよう

潮干狩りのコツのコツ③　掘る場所を特定➡アサリの呼吸穴を探す

ここぞというカケアガリを特定できたら、その次はアサリの呼吸穴を探そう。アサリにはよく見ると2つの管がある。これを砂よりも外に出して呼吸する。そのときにできるのが呼吸穴だ。ここを重点的に掘るのだが、深く掘る必要はなく、15cm程度で十分。

潮干狩りのコツのコツ④　干潮前➡波打ちぎわをねらう

完全に潮が引いていない時間帯だと呼吸穴を探すのは難しい。そんなときは、カケアガリの波打ちぎわに沿って掘りながら移動する。呼吸穴が見つかりにくいために能率は下がるものの、掘り起こした砂を海水が流してくれるため、アサリも見つけやすい。

● 意外にこんな所にもいるアサリ

アサリと聞けば、広大な干潟をイメージするかもしれない。しかし、ゴロタ石がゴロゴロしているすき間の砂のなかにもちゃんと生息している。数は少ないものの、地磯遊びのついでに採るのもおもしろい。

注：採っていい場所か漁協などで聞いておくこと。また稚貝を採るような乱獲にあたる行為も慎むこと。

アサリ

シオフキ

潮干狩りでは、アサリに似た貝もよく採れる。名まえはシオフキ。アサリに比べて貝殻がツルツルしているのが特徴。食べるときはよく砂を吐かせよう。

● アサリの正しい保存の方法

クーラーのなかには、海水のほかに水温を下げておくための保冷剤も入れる。海水は現地のものがベストで、必ずきれいな海水を入れること。密閉した暗さによって、砂ぬきの効果は増す。

PART 5　海・川・山ー野遊びをしよう

潮だまりで遊ぼう

水たまりみたいな小さな場所は生き物たちのワンダーワールド

地磯と呼ばれる陸続きの岩場がある。潮が干潮になったら、そこへ行ってみよう。岩のくぼみのあちこちに、まるで水たまりみたいな"潮だまり"ができている。どれでもいい。そのひとつをそっとのぞいてみよう。

サッと身を隠すものやチョコチョコと石の上を歩くもの、グニョグニョしていて不気味なものとか…。よく目を凝らせば、そこにはたくさんの生き物たちがいる。素手でちょっとさわってみよう。なかには少々危険なものもいる。そこで親たちの出番。さわって大丈夫な生き物とそうでない生き物を教えてあげよう。

● 素手でさわってみよう！

見つけたらさわったり、採ってみよう。

海面より上に付いているイソギンチャクを突っついてみよう。海水が飛びだすよ

イソギンチャク

アメフラシ
ちょっと勇気がいるけど背中を刺激してごらん。青い液が出てくる。

潮だまりにいる食べられる貝

タマキビガイ
マツバガイ
クボガイ
カメノテ

小型ドライバー

手で採れる貝のほかは、こんなふうにして採ろう。

注：魚介類を採るときは漁業権の確認を。地元の漁協や釣り具店に聞いてみよう。
危険生物については、190ページ参照

PART5 海・川・山ー野遊びをしよう

海づりをしよう

防波堤と干潮時の岩場でターゲットをねらう

多くのつり人に愛されている防波堤つり場。その人気の理由は、魚種の豊富さにある。回遊する魚や底の障害物に棲む魚。そんな魚が四季を通じてたくさん集まってくる。それにここは初心者にもうれしいフィールド。港にある施設なので、足場は比較的安全であることや、本格的な道具や難しいテクニックがなくても十分な数の魚がつれる。

また、干潮時の岩場ではカサゴやソイなどがつれる。こちらはルアーを使うつりなので、一見難しいと思うかもしれないが、あくまで潮だまり遊びの一貫としてできるとてもかんたんなつり方である。つれたての魚はとにかくおいしい。ぜひ、チャレンジしてみよう。

●サビキづり

サビキづりはとてもかんたん。サオを上下に動かすだけでつれる。おまけにエサ付けは楽（アミエビを使うから気持ち悪くない）だし、いろいろな魚がつれる。

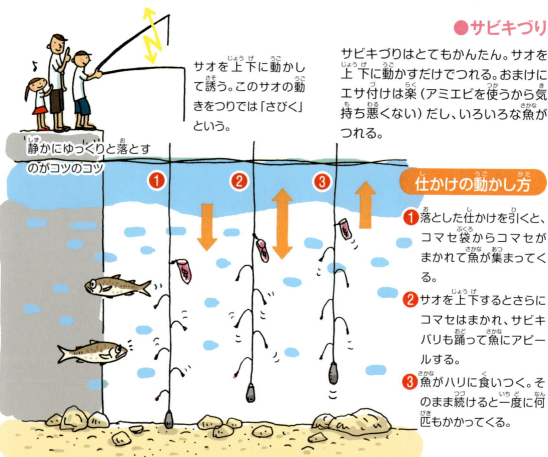

サオを上下に動かして誘う。このサオの動きをつりでは「さびく」という。

静かにゆっくりと落とすのがコツのコツ

仕かけの動かし方

❶ 落とした仕かけを引くと、コマセ袋からコマセがまかれて魚が集まってくる。

❷ サオを上下するとさらにコマセはまかれ、サビキバリも踊って魚にアピールする。

❸ 魚がハリに食いつく。そのまま続けると一度に何匹もかかってくる。

●つり方

つる前の準備、その①

まずは布バケツで海水を汲み、コマセのアミエビを解凍する。このときに袋は破らずに浸けること。破って入れると、コマセの養分が海水に溶けてしまうので注意。

布バケツはいろいろと使えるので、あるととても便利。折りたためるし、ロープが付いているから足場が高くてもかんたんに海水を汲める。

つる前の準備、その②

サビキづり仕かけ

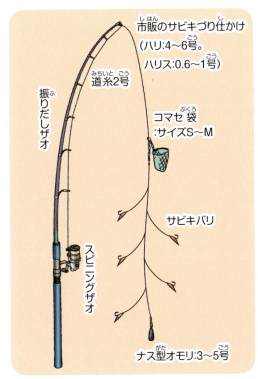

- 振りだしザオ
- 道糸2号
- 市販のサビキづり仕かけ（ハリ：4〜6号。ハリス：0.6〜1号）
- コマセ袋：サイズS〜M
- サビキバリ
- スピニングザオ
- ナス型オモリ：3〜5号

市販仕かけのセットの仕方

❶ 道糸に結んだスナップ付きヨリモドシと市販仕かけのスナップ付きヨリモドシを接続させる。

❷ 図の方向に仕かけを加減して引きぬく。

❸ 後は次々とハリはぬけていく。引きぬき終えたら、コマセ袋とオモリをセットすれば完成。

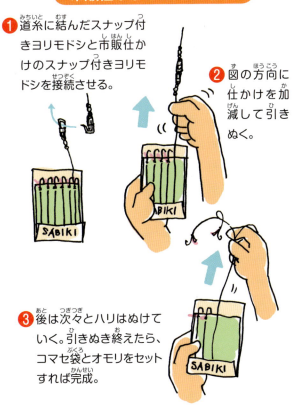

PART5　海・川・山ー野遊びをしよう

● さあ、実釣開始！

コマセ袋

袋にはおおよそ8分目くらい入れる。入れ過ぎると水中でうまく散らなくなるから注意。

マアジ　●スズキ目アジ科
体長は40cmぐらいまで成長

● 親子で、2本ザオで攻める

仕かけの投入

コマセを数回まいたら、そのなかに仕かけを投入。2本とも静かに着水させること。

スピニングザオの失敗例

オモリが着底したと同時にイトを止めないと底ではこのようになってしまう。
止める合図：感触＝手元にはオモリが底を打つ"トン"と伝わる。視認＝出ていくイトが竿先で止まって緩む。
止め方は、リールのスプールを指で押さえるだけ。

基本的にイワシは表層を、アジ、サバはその下の層を回遊しているが、初心者にそれを見分けるのはちょっと難しい。そこで2本のサオで違う層を攻めて、いち早く魚のいるタナを見つけてしまおう。これも五目づり（いろいろな魚がつれる）が楽しめるサビキづりならではの作戦。

振りだしザオ：コマセ袋が視認できるくらいの深さまで沈める。

スピニングザオ：オモリが底に着くまで仕かけを落とし込む。

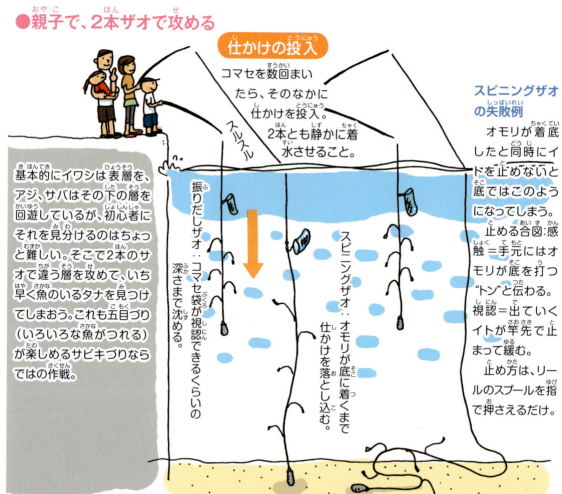

マサバ
●スズキ目アジ科
体長は50cmぐらいまで成長

マイワシ
●ニシン目ニシン科
体長は25cmぐらいまで成長

仕かけによる魚の誘い方

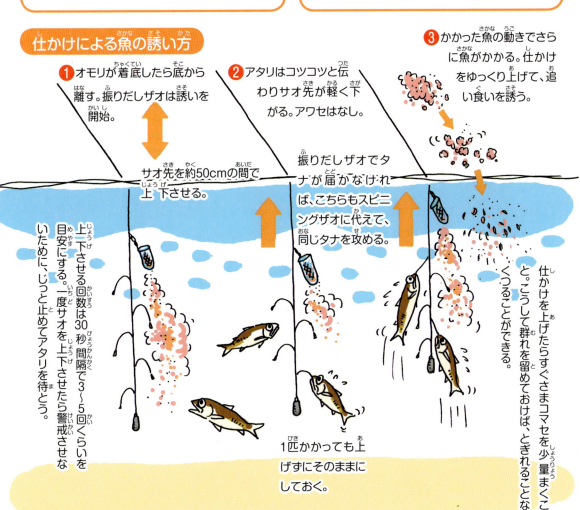

❶ オモリが着底したら底から離す。振りだしザオは誘いを開始。

サオ先を約50cmの間で上下させる。

上下させる回数は30秒間隔で3～5回ぐらいを目安にする。一度サオを上下させたら警戒させないために、じっと止めてアタリを待とう。

❷ アタリはコツコツと伝わりサオ先が軽く下がる。アワセはなし。

振りだしザオでタナが届かなければ、こちらもスピニングザオに代えて、同じタナを攻める。

1匹かかっても上げずにそのままにしておく。

❸ かかった魚の動きでさらに魚がかかる。仕かけをゆっくり上げて、追い食いを誘う。

仕かけを上げたらすぐさまコマセを少量まくこと。こうして群れを留めておけば、とぎれることなくつるることができる。

PART 5 海・川・山ー野遊びをしよう

●ウキづり

上げ潮によって水面は高く、波も穏やかなときはウキづりのチャンス。仕かけはシンプルで軽量、しかも川のような流れはないから誰でもかんたんにできる。サビキづりほど効率はよくないけど、1匹1匹つるのもまた違ったおもむきがある。

ウキ下の調節

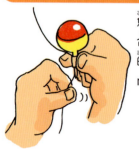

魚のいる層にウキ下を合わせる。まずは中層に的を絞ってウキ下を1.5m前後に合わせよう。

付けエサのオキアミ

このようにパックされて売っている。加工されたものや生、ボイルなどがある。

これはハリの刺し方

コマセに仕かけをなじませる

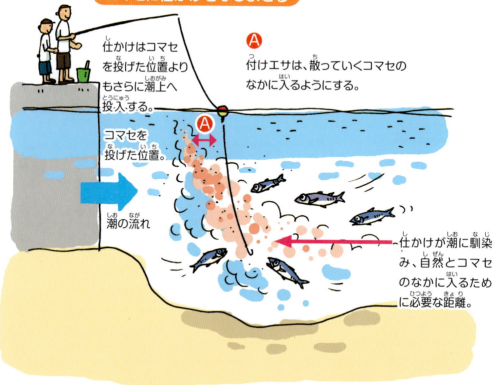

仕かけはコマセを投げた位置よりもさらに潮上へ投入する。

コマセを投げた位置。

潮の流れ

Ⓐ 付けエサは、散っていくコマセのなかに入るようにする。

仕かけが潮に馴染み、自然とコマセのなかに入るために必要な距離。

コマセの投入のタイミング

❶ 魚を集めるためにコマセをまく。このときに潮が動いている場合は、必ず潮上をねらってコマセを投げること。

❷ 魚を集める位置は、自分の立ち位置よりも少し潮下がベスト。魚が集まりだしたときが仕かけ投入のサイン。

ハリの外し方

サビキ仕かけのように枝バリがいくつもあって、しかも一度に魚が数匹かかった場合は、必ず上のハリの魚から外すようにすること。もしも、下の魚から外そうとすると、緩んだイトと魚やハリが絡んでしまって、仕かけは使いものにならなくなってしまう。

外すときは、常にオモリの重さによる張りを感じながら上から順に外していこう。

★ハリを飲まれていない場合

❶ 魚のエラの近くをしっかりつかんだら、ハリスを引っ張り、見えたハリの軸をつまむ。

❷ ハリの刺さっている方向とは反対側へ、弧を描くように動かせばかんたんに取れる。

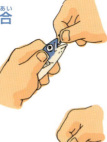

★ハリを飲まれてしまった場合（ハリ外し）

❶ まず、ハリスを引いて張っておく。それにハリ外しの先端部（カギ状）をはわせる。

❷ ハリの軸まではわせたら"グイッ"と横にひねる。コツは、押し込みながらひねるようにすること。

141

PART 5　海・川・山 — 野遊びをしよう

●干潮時の岩場でルアーフィッシング

ターゲットはカサゴやムラソイ。泳ぎはとても上手なためにルアーをよく追う。水深10cmの所でもつれるため、コツさえつかめばかんたんにつれるよ。

カサゴ　●カサゴ目フサカサゴ科
体長30cmぐらいまでになる

仕かけ　ロッド（サオ）：スピニングのバスロッド　6ftのライトアクション
ソフトルアー
ジグヘッド 1.5〜2g
ミノープラグ
ライン（イト）：ナイロン1.5〜2号

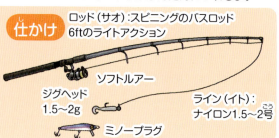

つり方

ソフトルアーの誘い方

潮が引いたら、とにかくここぞと思う岩の周囲に片っ端からアプローチしていく。

たらす糸の長さは10〜20cm

岩と岩のすき間には、ソフトルアーのジグヘッドを落とし込む

※キャストしないからとてもかんたん

滑ったりゴツゴツしてて危険。磯タビかスパイクブーツがあると安心

チョンチョン

ミノープラグの誘い方

岩の周囲で∞を描くように誘う。魚が入れば、スゴイ勢いで食いついてくる。

 注意!!
つりに気を取られていると、潮の満ちてきているのに気づかないことがある。また、高波にも常に注意していよう。

たびたび、沖に視線を向けること

つりを終えるときのマナー&ルール

ゴミを落としてはダメ。「立つ鳥、後を濁さず」の精神で。この帰り支度は全て自分たちが帰った後の人たちのためのもの。そしてその行為や思いやりは、いずれ、必ず自分に戻ってくる。なぜなら、次にまたつりにやってくるのも自分たちだからね。

帰り支度① 仕かけの回収

サビキづりのように少し複雑な仕かけについては、回収が無理のようならゴミにして、必ず持ち帰ること。

グルグルとゴミそのものに巻きつけてしまおう。

こんなことにならないためにもね。

帰り支度② つった魚は持ち帰る

海ではいろいろな魚がつれる。高級魚もいれば、あまりおいしくない魚もいる。つった魚は必ず持ち帰って食べ、そうでないものはつった時点でリリースしよう。ゴミのように扱うなんて言語道断!

捨てられている魚には毒のあるものもいるから、むやみにさわらないこと。

帰り支度③ つり場の後片づけ

コマセを使うつりではどうしてもつり場は汚れる。放置されたコマセはすぐに腐って、強力な悪臭を放つ。必ず、水汲みバケツなどを使って、きれいに洗い流しておくこと。

143

PART5　海・川・山ー野遊びをしよう

川遊びをしよう

川は親と子がひとつになれるアウトドア・フィールド

　どうも高原だけのキャンプ場ではもの足りない。やはり山のキャンプには、近くに川がある方が断然おもしろい。川の遊びはまさに創意工夫次第。つりを楽しむのもよし。裸になって泳ぐのもよし。生き物たちを捕まえるのに夢中になるのもよし。そんなオーソドックスな遊び方に、家族でプラスアルファを考えてみよう。さらに楽しくなるはずである。

　川遊びでは、基本的に特別準備するものはないが、子どもの着替えだけはいつもより多めに準備しておきたい。また、泳ぐ際には遊泳禁止区域外であることの確認や、山の上で雨が降りだしたときなどは、速やかに川からあがってキャンプ場へ戻るようにしよう。

こうしてのんびりできるのは、川のせせらぎが持つ無限の豊かさが人をあきさせないからだろう。

流れを利用して遊ぶ

せせらぎの冷たさを体感しよう！

川の流れを利用するには、流れそのものを知らなければならない。お父さん方のなかには、一度や二度は、川のなかを歩かされたことがあるはずだ。歩かされた――そう、それは半ば強制的に、かならず祖父や父、でなければ大人がいっしょだった。

最初はいやいやでも、そのうち夢中になって歩く。川底の石には、滑りやすいものや尖っていてまともに踏むと痛いものがあったりする。かと思えば、流れのカーブの外側は浅くて内側は必ず深くなっていることも知る。そして波立つ流れは急であることも。昔に経験したことを自分の子どもにも伝えよう。おおいなる恐怖感から、危険な場所を知ることになるのだ。

流れのなかを歩こう

安全な渡渉（流れのなかの歩き）は、上流側から下流へ向かって斜めに横断するのが基本。しかし、緩い流れや浅瀬などがあったら、ひたすら上流へと進んでみよう。楽しいよ。

幼い子どもは手をつなごう
流れ
斜めに進む
安全な渡渉

飛びこみやラフティングに挑戦だ

ちょっとした段差や斜面を見つけたら、浮き輪を使ったミニラフティングに挑戦しよう。安全のために、上流にスタート合図係と下流にはホールド係のための大人がいよう。

ゴー
ヒャッホー
わーい
キャッチ
1枚岩が理想的

PART 5　海・川・山 — 野遊びをしよう

ダムを作ろう

河原にあるたくさんの石を見ると、ついやりたくなるのが"ダム作り"だ。大人が夢中になりだすと、子どもだって負けてはいない。さて、どんなダムができるかな!?

こうしておけば、冷蔵庫代わりになるよ

これは風呂というより即席のジャグジー。川のせせらぎが耳元へダイレクトに伝わってくる。

石の水切り

これは石が水面をはねる回数を競うゲーム。男の子の独壇場と思いきや、意外や意外、女の子にも勝機あり。サイドスローが一般的だが、アンダースローも負けてはいない。

シュッ!

低い姿勢で水面と平行に腕を振り切ろう

ささえる　ささえる　のせる
石が水平にねるように

○ 幅が広くて平たい石
× ずんぐりで凸凹の石

ポチャ　ポチャ　ポチャ　ポチャ　ポチャ

笹の葉ボートレース

笹の葉がベストだけど、似たような葉ならなんでもOK。それぞれ自分が選んだ葉を使って作ってみよう。レースに勝つコツは…、それはやってみないとわからない。だから楽しい。

作り方

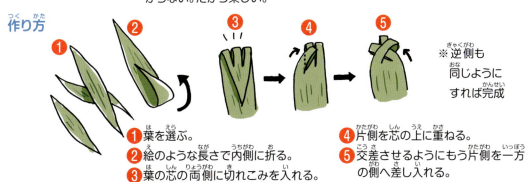

※逆側も同じようにすれば完成

1. 葉を選ぶ。
2. 絵のような長さで内側に折る。
3. 葉の芯の両側に切れこみを入れる。
4. 片側を芯の上に重ねる。
5. 交差させるようにもう片側を一方の側へ差し入れる。

PART 5　海・川・山—野遊びをしよう

川の生き物を捕まえよう

生き物捕りは子どもの五感を鍛える遊び

「あれっ、何にもいないよー」と子どもの声。そんなことはない。その川が普通にジャブジャブ入っていけて、泳いで遊べる川なら必ず生き物はいる。探す場所をまちがえているだけなのだ。例えば、石の裏。ひっくり返した瞬間に目を凝らして見てないと、川虫はまるで石の上を滴る水滴のごとく姿を消してしまう。

魚たちは一日中、どこかへ行ったのか…。でもそんなに遠くではない。近くにボサと呼ばれる水草の生い茂る川岸があったら、そこを探してみる。または夕方、晩ご飯の前に、もう一度川へ行ってみよう。何も見つからなかった水のなかに、不思議と元気に泳ぐ魚の姿を見つけられるはず。

● **川虫を捕ろう**

川の石の裏にはたくさんの虫がいる。これらはカゲロウやカワゲラといった羽虫の幼虫だ。川魚の大好物でもあるので、つりのときになくてはならないエサでもある。

主な川虫

トビケラの幼虫
（クロカワムシ）

カワゲラの幼虫
（オニチョロ）

カゲロウの幼虫
（チョロ）

捕り方　川虫は岸ぎわの流れの緩い場所の石裏にいるよ。

石をひっくり返す。見つけられるけど、素早いからなかなか捕まらない。

下流側にネットをセット。こうやって足でガサガサやると、岩から離れた川虫が捕まえられるよ。

砂に潜っている石には、いないねー

ボサをねらう

これは通称"ガサガサ"という捕り方。川岸のボサ（薮）のなかは、川に棲む生き物にとっては、まさにベッドそのもの。小物から大物まで何が潜んでいるかわからないスポット。

水草の根元付近を、網で下からかき上げるようにすくうのがコツ。

網をセットしておいて、足でガサガサ追い込むのも有効。

ガサガサっとね

網を使って捕まえる。

手づかみで捕る

キャンプ場や管理つり場によっては、子どもたちのために"マスのつかみ取り大会"を催している所がある。晩ごはんのおかずのためにも、手づかみのコツをマスターしよう。

✕ やみくもにただ追いかけても捕まえられない。

○ ①静かに石の下などに追い込む。
②ゆっくり静かに手をせばめていく。
③指先が魚体に触れたら、一気につかもう。

手のひらの向きに注目

PART 5　海・川・山 — 野遊びをしよう

● ザリガニつりにチャレンジしよう

キャンプ場の近くに泥底の池や用水路があったら、ザリガニをつってみよう。ウキやハリなどは使わない。エサはスルメ。エサに忍び寄るハサミが見えたときのドキドキワクワクはたまらない。

アメリカザリガニ

つり方

① ザリガニがエサにしっかり抱きつくまで待とう。
② 抱きつきを確認したらゆっくり糸を引きあげる。

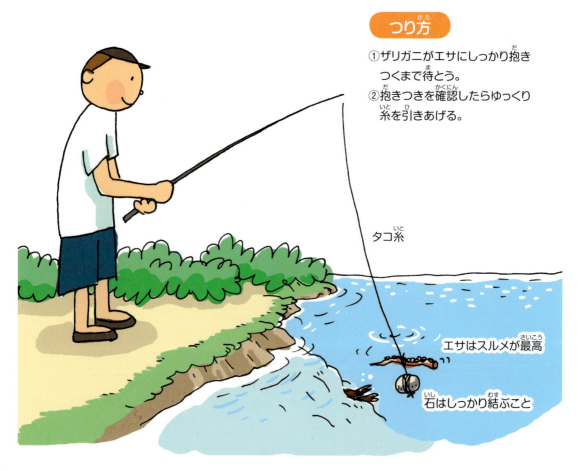

タコ糸

エサはスルメが最高

石はしっかり結ぶこと

PART 5　海・川・山ー野遊びをしよう

川づりをしよう
川遊びの王道は、やっぱりこれしかない！

　いつでも、どこでも、そしてだれでも魚と親しんで遊べるのが川づりのよいところ。川づりがうまくなるコツのコツは、やはり自然観察にある。
　第一に魚は、流れの変化している場所を好む。だからといって、滝つぼなんかは魚がいてもつりにくいし危険だ。初心者や子どもたちが安全に楽しんでつれるところは"瀬"と呼ばれる流れ。一見すると、何の変化もなく淡々と流れる川筋にも、渦を巻いていたり、白泡が立っていたりする筋がある。そんな筋を見つけたら、後は上流側から仕かけを流してやるだけでいい。そう、ただ流すだけ。そうすれば、エサは自然に流れて何も違和感なく魚は口を使ってくれる。

●**大切なこと**　川によってはつり券が必要な所がある。つまり、ある一定の遊漁料を払う必要があるということ。それに禁漁期間や体長制限、禁漁区などを設けている川もあるから、事前に調べておこう。

小さい魚や食べられない魚はリリース、つまり優しく逃がしてあげよう。どれくらいが小さいか？　それはあくまで自己判断にまかせます。もしも15cmのオイカワを小さいと判断してリリースした子どもがいたとしたら、きっと将来、その子どもは大物になる。逃がした魚と同じようにね。

遊漁券

頭を上流に向けてキープ。
自然に泳ぎだすまで優しく待ってあげよう。

流れ

PART5 　海・川・山－野遊びをしよう

管理つり場でニジマスをゲットしよう

かんたん料理でもおいしい。メインディッシュにぜひ！

以前と比べ、管理つり場も随分と様変わりした。バーベキューはもちろんのこと、キャンプ場も有り、なかにはレストランや宿泊施設まで完備しているところもある。もちろん、魚はたくさんいる。せっかくたくさんいるのだから、ぜひ、つりに行こう。

● **管理つり場ってこんなところだよ**

管理つり場の一番の特徴は、**とても手軽につりを楽しめるところだ**。都市部からちょっと車を走らせれば出かけられる距離にあるし、場所によっては全てレンタルできるので、十分に楽しむことができる。また自然の河川と違って禁漁期はなく、1年中つりを楽しめるのもうれしい。

キャンプ場の近くにもあるよ！

●よい管理つり場の条件とつるためのコツのコツ

❶ 設備が充実していること
家族で楽しむためには、清潔なトイレやバーベキュー施設、併せてキャンプ場があればうれしい。

❷ つれる元気な魚がいっぱいいること
何度もつられてぼろぼろになった魚を見るのはとても悲しい。元気な魚の強い引きを楽しみたい。

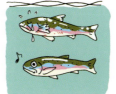

❸ しっかりと管理されていると実感できること
自然を満喫でき、ゴミが片付けられていれば、きっとまた来たくなる。

コツのコツ① 火曜日〜土曜日の午前中がベスト
これは容易に想像できると思う。混雑した日曜のあと、魚も二日くらいは休むからだ。

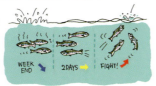

コツのコツ② 放流直後からの1時間が勝負
管理つり場によって放流回数はまちまち。事前にその時間と回数を調べておこう。

PART 5　海・川・山ー野遊びをしよう

●たくさんつれる大岩周り

水面がうねったり波立っているような流れの強い所にある大岩は、たくさんつれる場所。ときには大物も潜んでいたりするから果敢に攻めてみよう。

ニジマス ●サケ目サケ科
平均で30cm、大きいもので80cmになる

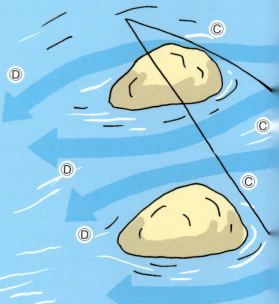

❶〜❹は仕掛けを投入する順番
岸際の❶から攻めていけば、❶でつれても
うまくいけば❹でつれる確率は高い。

仕かけ

サオ：渓流ザオ 4.6〜5.3m
オモリ：ガン玉オモリ（状況によってサイズは変える）
道糸：ナイロン 0.8〜1号
ハリス：0.6〜0.8号
ウキ：セル玉ウキ（中）
ハリ：ヤマメバリ5〜8号
マスバリ5〜8号
エサ：イクラ、ミミズ、マグロなど

野遊びをしよう

野や山には、自然からの贈り物であふれている

　最近、「虫を捕まえるのはかわいそうだからやめよう」とか、「野に咲いている草花を摘むのはやめよう」といった、自然保護思想にはつい首をかしげたくなる。例えば、夏休みに早起きを繰り返してクワガタをやっと捕まえた少年が、寝食を忘れるほどに飼育に没頭し、試行錯誤しながら大切に育てても、クワガタはやがて死んでしまうだろう。だが、その死による悔しさやせつなさによって、生命の尊さは理解されるのである。

　また、野に出たら、試しに子どもたちへ草笛を吹いてあげよう。大人のまねをしたがる彼ら

彼女たちは、すぐに夢中になる。当然、最初からうまくは鳴らない。やがてちょっとは鳴りだすと、今度は例外なく草笛に最適な葉を吟味しだすのである。
自然に接することでわかる大自然の素晴らしさを家族みんなで楽しもう。

PART5 海・川・山 — 野遊びをしよう

●木登りをしよう

大人がサポートしてあげるのは、登りやすい木とそうでない木を教えるくらい。登りやすい木とは、枝分かれが多くて木肌は適度にごつごつしている木。

木登りの基本

木登りの基本は三点確保。四肢のうちで、例えば左手で次の枝をつかもうとする場合、右腕と両足は動かさずにそのままをキープして身体を保持すれば安心。

木登りの高度テクニック

❶ 身体全体をつかって幹に抱きつく。このときに両足の膝は曲げて強くはさみこむ。

❷ はさみこんだ足を固定するように支えながら上体を上へ上へと少しずつずらして登っていく。

●花かざりを作ろう

男の子がチャレンジしてもかまわないが、やはりこの遊びは、母親と娘が楽しむものだろう。シロツメクサ（クローバー）を見つけたら、ぜひ、やってみよう。

シロツメクサの花って、レンゲによく似ているね

花のティアラ
ネックレス
ブレスレット

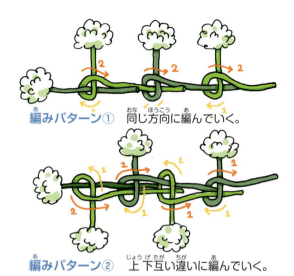

編みパターン①　同じ方向に編んでいく。

編みパターン②　上下互い違いに編んでいく。

注：これはわかりやすくするためで、実際はもっときつく編んでいくよ。

●草笛を鳴らそう

使う葉っぱには、ギザギザしてなくて表面がツルツルしているものならなんでもいい。鳴らすためには、唇がムズムズしてくるほどすぼめて振動させるのがコツのコツ。

このように押さえるよ。

下唇はしっかりと、上唇は軽くふれるくらいに葉に付けて、そっと吹けば鳴るよ。

●アシの葉ラッパ

根元は切り取って、このように丸める。

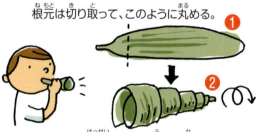

"プーッ"と発声しながら吹くと鳴りやすいよ。

●タンポポの茎笛

このつぶした方をくわえて吹く。

つぶしたところを軽くかむ。けれども息は強く吹く。この力加減が難しいよ。

161

PART5 海・川・山ー野遊びをしよう

● **虫捕り**

網を使って虫を捕まえてみよう。ターゲットはアゲハチョウやモンシロチョウ、それにトノサマバッタなど。ときには、オオカマキリのような大物も捕まえられる。

虫（チョウ）の捕まえ方

❶ 虫を見つけたら横から網を振る。上からだと逃げられやすい。

用意する物
- 虫メガネ
- 虫かご
- 捕虫網

❷ なかに捕らえても、油断せずに網の最後まで追いこむように振る。

❸ 逃げられないように網をねじる。

❹ 片方の手で網の上から虫を押さえて、もう一方の手を網のなかに入れる。

優しく捕ってあげようね。

●夜のセミ観察

キャンプの夜は忙しい。花火をしたり星座を見たり、ほかにも肝だめしをしたりと…。でも、ときには懐中電灯を持って森へ出かけてみよう。きっと神秘的な世界を目撃できるよ。

ほらっ、そこだよ

わっ、もう始まってる

飛び立つまでは約2時間。でも観察し始めたらあっという間だよ

① 最初に背中が割れる。そこから頭がのぞいている。

② 前足に続いて中足が出てくる。

③ ここでちょっと休憩。死んではいないから、そっと見守ろう。

④ 身体が完全に外へ出る。羽がちょっとずつ伸びていく。

⑤ 白っぽくて弱々しかった身体が、少しずつ色づいていく。

セミのぬけがら

⑥ 成虫が飛びたった後だったら、思い出に持ち帰ってもかまわないよ。

163

PART5 海・川・山ー野遊びをしよう

●クワガタ&カブトムシを捕まえよう

虫捕りの王道といったら、やはりクワガタとカブトムシだろう。キャンプ場の近くに森、それもクヌギが生えている場所を見つけたら、必ず捕まえに行ってみよう。

◆2大最強ターゲット◆

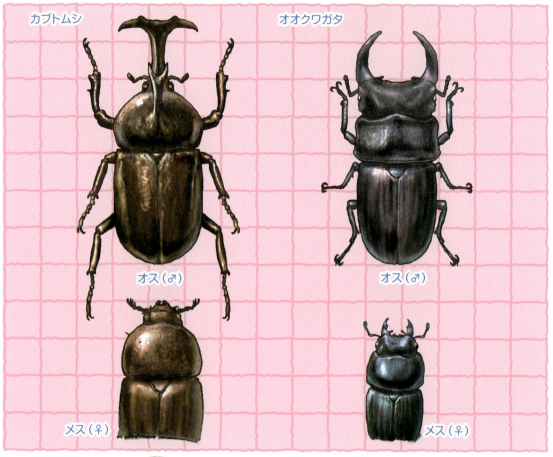

カブトムシ　オス(♂)　メス(♀)
オオクワガタ　オス(♂)　メス(♀)

捕まえるのにあると便利な物

虫メガネ

軍手

ピンセット

164

◆人気のクワガタ◆

ミヤマクワガタ　　オニクワガタ　　ノコギリクワガタ

捕まえ方のコツのコツ①

置き&塗りエサ作戦

●置きエサ　蒸したバナナに焼酎をかけてすりつぶしたものを使う。

●塗りエサ　黒砂糖を水に溶かして焼酎を混ぜたものを使う。

使い古しのママのストッキング

仕かけはどちらも夕方頃にする。そして、深夜か翌日の早朝に様子を見に行く。

ペタペタ

刷毛を使って塗る

PART 5　海・川・山ー野遊びをしよう

捕まえ方のコツのコツ② すきま作戦

森のなかに倒木となって朽ち果てている木を見つけたら、ピンセット片手に、木の皮や幹の割れ目などをほじくるようにして、丹念に探してみよう。きっとほかにもいろいろな昆虫が見つかるよ。

木と地面の間にも隠れているよ

捕まえ方のコツのコツ③ けとばし作戦

これは昆虫たちが眠くてボーッとしている早朝の捕り方。より力強い蹴りの方が効果はあるので、蹴るのはお父さんの役目。"ポトッ"と落ちてきた音に集中していなければ捕まえられない。

深夜だと落ちてきた場所はわかりにくく危険だから早朝にやること

ポトッ!!

PART 6
とっておきの野外(やがい)料理(りょうり)！ダッチオーブン

PART6 とっておきの野外料理! ダッチオーブン

ダッチオーブン料理に挑戦しよう
遠い昔のアメリカ。開拓時代のカウボーイが愛用した理由は、その万能性にあり

　ダッチオーブンと聞くと、「ちょっと本格的過ぎて…」とか「取り扱いが面倒くさそう」と尻込みしてしまう初心者も多いかもしれない。確かに、シーズニングと呼ばれる作業やちょっとした手入れは必要だが、調理においては、手間いらず、腕入らずでおいしい料理ができるので、まさに初心者向きの使い勝手のいい道具である。

　このことは、アメリカの古き時代の開拓者たちが、この鍋ひとつで旅を続けていたことを知れば納得できる。この鍋の最大の特徴は、鋳鉄製なので熱が鍋全体にしかも均一に伝わることや、ふたの密閉性の高さから内部が高密度となることによって、オーブンや圧力鍋さながらに調理ができ、幅広いメニューを、野外で堪能できることにある。

ダッチオーブンとは
万能調理器具のすぐれもの

各部の名称と必要なアイテム

シンプル＝ベスト 各部の働き

「ダッチ」とは、英語で「オランダ人」のこと。語源には諸説あり、「オランダ系移民が売っていた鍋」、「発明者がダッチという人物」、「オランダの鋳造技術の利用」などがある。

ハンドル
ダッチオーブンは想像以上に重い。それを支えるために、がんじょうなつくりになっている。これを利用し、吊るして調理もする。

フランジ（縁）
この部分もダッチオーブンの特徴。密閉性を高める他に、ふたの上にも安心して炭をおける仕組みである。

脚
脚のあるタイプとないタイプがある。あるタイプは炭の上に載せたときの転倒を防いでくれる。ないタイプは家庭用キッチンにも向く。

調理に必要なアイテム

リフター
ふたの開閉道具。高熱なために持ち手に差し入れて使う。

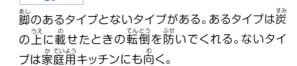

皮手袋
ハンドルを持つときなどに使用。高温なため、軍手などは使用しないこと。

PART6 とっておきの野外料理！ ダッチオーブン

ダッチオーブンの種類

バリエーションとそれぞれの特徴

今では、形や素材、大きさなど、とても多彩になったダッチオーブン。大きく分けると、以下の3タイプが代表的で、初心者にも使いやすい。

鋳鉄製ダッチオーブン

キャンプで使われるもっともオーソドックスなタイプ。12インチ（約30cm）のものが使いやすい。ちなみに使いこまれて黒光りするものを「ブラックポット」と呼ぶ。

アルミ製ダッチオーブン

鋳鉄製よりも軽いので、女性でも安心して使える。過度の空焚きや急な温度変化は厳禁。圧力機能や熱伝導は鋳鉄製より劣る。さびないので、油塗り作業はいらない。

黒皮鉄板製ダッチオーブン

金属プレス製なので、商品にバラつきがなく、衝撃や急な温度変化に強い。洗剤で洗えて、空焚きの後の油塗りはいらない。持ち手が交差しているので安定もいい。

ショップでの賢い選び方

ポイント1　必ず中身を確認しよう！

ショップでダッチオーブンを求めるときは、必ず箱などのパッケージを開けて中身を確認すること。中身を確認できないようなショップでは、買わない方が無難。

パッケージから出して、破損や凹みなどを店員さんといっしょに確認しよう。

ポイント2　本体とふたとのマッチングをチェック！

これによって密閉度（料理中の圧力度）に差が出るために必ずチェックしよう。

ガタガタしている
①密閉度が低い

ピタッと合う位置がある
②ガタガタしていても、ピタッと合う位置があればOK。そこへ印などを付けてわかるようにしておこう。

使うときに注意すること

いつまでも大切に使い続けるための気配り

ゴツくて重く、黒光りするダッチオーブンはいかにも丈夫そうに見える。しかし実際は、鋳鉄（鋳物）製なので取り扱いには、いくつか注意しなければならないことがある。

◎ 衝撃に注意

ウエイトがあるので、石の上や地面、洗っているときのシンクなどに注意。

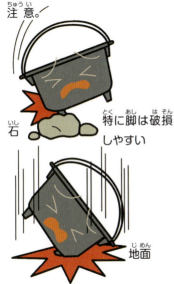

特に脚は破損しやすい

◎ 空だきに注意

メンテナンスのときは、水分を飛ばすための空だきの時間に十分注意が必要。

いくら鋳物でも熱さには限界が……
こんな具合にクラック（ヒビ）が入ってしまう

◎ 水分に注意

無垢の鉄なのでとても錆びやすい。外の湿気や食べ残しの放置などは絶対にしないこと。

食べ残しておくと錆びが溶けて大変

濡れたところの水分はふき取ろう

◎ 洗うときの注意

錆びさせないためにたえずオリーブオイルを塗りこんである。もしも洗剤を使ったら……。

せっかくの油成分が分解されてしまう

◎ 急な温度変化に注意

洗うときは、お湯を使うこと。もしも水を使う場合は、十分に冷めてからにする。

まだ熱いうちに水を注いでしまうと……
急な温度変化が起きて幾筋もの亀裂が走ってしまう

PART 6 とっておきの野外料理！ ダッチオーブン

シーズニングとは？

最初の1歩は、すべてここからはじまる

⚠ ダッチオーブンには、販売時に錆び止め防止のワックスが塗られていて、そのままでは使えない。このワックスを除去して使うまでの「ならし作業」をシーズニングという。

もしも、シーズニングを怠ると……

調理中もにおう

せっかくの材料が台無し

シーズニングの正しい手順

面倒くさがらずに"育てる"イメージで行おう

❶ ワックスを洗い落とす

柔らかいスポンジに台所用洗剤か重曹を付けて、ていねいに洗い落としていく。すすいだ後の水滴は乾いた布でふいておく。

シーズニングに必要なアイテム

実際の調理のときにも多用される。

トング / 布きれ / 木べら / オリーブオイル

❷ 乾燥させる

布でふいた後、さらによく乾燥させる。

172

❸ 加熱そしてオリーブオイル

ふたと本体の両方を同時に加熱する。目安としては全体に黒さが広がればOK。
熱いうちに、ペーパータオルを使って、表と裏全体にオリーブオイルを塗り込んでいく。

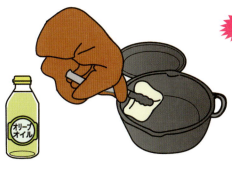

> **注** ワックスや鉄のいやなにおいが取れないときは
>
> ワックスや鉄のいやなにおいが取れないときは、においの強い野菜（セロリやタマネギ、ネギ、ニンニクなど）を炒めればにおいを軽減させることができる。

❹ 自然冷却させる

自然乾燥を待ってから、再び❷→❸の工程の繰り返しを5～6回、数日かけて行う。よく「ダッチ～は育て方が肝心」といわれるのだが、そのわけはこの繰り返す作業にある。

シーズニングの コツのコツ

てんぷらで、シーズニング!?

【焼き→オイル塗り→乾燥】の工程を、面倒という人にはこんな奥の手がある。
洗って乾燥させた後に、"てんぷら"をしてしまう方法。
これだと、何度も工程を繰り返さなくても、鍋の内部にまで十分油分を染み込ますことができる。

> シーズニングの工程ははぶけるし、天ぷらもおいしい。
> まさに"一石二鳥"だわ。

173

PART6　とっておきの野外料理!!　ダッチオーブン

ダッチオーブンのメンテナンス

基本は「洗う・焼く・塗る、そして保管」

メンテナンスは、ダッチオーブンを使ったときに必ずしなければならない作業である。使い終わったらすぐに行いたい作業なので、キャンプ場を前提に解説。

❶ 洗う

火にかけた状態で、熱湯を鍋の中に注ぎ込んで汚れを落とす。木べらなどを使うと作業しやすい。ちなみに洗剤は絶対に使わないこと。せっかく染みこんだ油分が取れてしまう。

> 洗剤を使わないから"エコ"な道具なんだ

❷ 焼く

布切れを使って、水気ごと付着している汚れなどをふき取ってしまう。その後、乾燥させるために再び加熱する。

> 表面が乾いたらOK。長い空だきには注意

❸ 塗る

加熱して十分水分が飛んだら、熱いうちにオリーブオイルを塗る。

> ❷→❸を2、3回繰り返せば、完璧

❹ 保管

外は新聞紙、中は炭とのダブルで錆びから守る

完全に冷えたことを確認したら、新聞紙にくるんで保管する。保管場所には湿気のない所がベスト。また中に炭を入れておくと、湿気取りと脱臭効果がある。

| こんなとき どうする!? | **もしもダッチオーブンが錆びてしまったら…** |

鉄だから錆びるのはあたり前。ましてや長く使わなかったら自然現象的に錆びる。でも、大丈夫。そこもこの鍋のすぐれた点！

コーティングされていない無垢の鉄なのだから、錆びることは当然と思っていたほうがいい。程度にもよるが、錆びただけでダッチオーブンを捨ててしまうのはもったいない。復旧方法をしっかり覚えておこう。

❶ 焼く

まず錆びそのものを炭化させるために加熱する。焦げが取れやすくなるのと同じ原理。

❷ 塩で研磨する

熱いうちに研磨剤代わりのための塩を投入。コツは塩をケチらないことと、少し塩を熱することにある。

❸ 新聞紙で錆び落とし

ゴシゴシ

新聞紙をスポンジ代わりにして、塩で錆びた部分をこする。塩が赤茶色に変化すれば、錆びが取れはじめた証。

たとえどんなにガンコでも、金ダワシなどを使うのは絶対にNG

❹ 塩を洗い流す

ここまで落ちたら上出来。最後に塩分を洗い流す。

❺ 焼く・塗る・乾燥を繰り返す

後は、シーズニングのときの"焼き→オイル塗り→乾燥"を5、6回繰り返せば完了。

❻ 完成!!

PART 6 とっておきの野外料理!! ダッチオーブン

ダッチオーブン料理レシピ

「ごはん」にチャレンジ!!　　ダッチを使えば、ごはん炊きもかんたん！

電気炊飯器が全盛の今、火を使ってお米を炊くことは、とても難しいものになった。
しかし、ダッチオーブンだと大丈夫。
この鍋の特性が"ごはん炊き"をとてもかんたんなものにしてくれる。

ダッチオーブン VS 飯ごう

こげつきにくく、ごはんもふっくら炊きあがる。

ごはん炊きの定番なのがこれ。軽くて丈夫なうえ、安価で手に入れられる。

ダッチオーブンの特性である"熱が全体に均一に伝わる"効果と、圧力鍋的効果（芯まで早く熱を通す）により、ちょっとしたコツさえつかんでおけば、だれにでもおいしいごはんが炊ける。子どもにも安心して食べてもらえる。

野外料理を総じて"飯ごう炊飯"と呼んでいたように、この調理器具はキャンプ道具の代名詞だった。しかし、火加減や炊け具合、火から下ろしてすぐの蒸らし（容器を逆さにする）など、それなりの経験も必要。

子どもがメインのレシピを

子どもはちょっとした環境の違いにも敏感である。そのためレシピの失敗は極力避けたい——ごはんをよりかんたんに、かつおいしく炊けるダッチオーブンのような調理器具選びも大切。

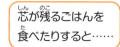

芯が残るごはんを食べたりすると……

トイレに直行、なんてことにもなりかねない

ダッチオーブンを使ったごはんの炊き方

ふっくらツヤツヤごはんをダッチオーブンで！

準備 まずダッチオーブンで湯を沸かして油分を除去。お湯は捨てる。

❶ スタート！

米と水はほぼ同量か、水を少し多め（米の1.2倍くらい）で炊くこと。

❷ 軽く洗う

お米は"無洗米"が楽。それでも、1、2回はすすぐようにする。

❸ 米に水を入れ、約30分置く

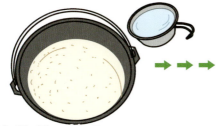

米と同量か少し多めの水を入れたら、ふたをして約30分ほど置いておく。

❹ 沸騰したら弱火に

火にかけ沸騰してきたら、弱火にする。鍋の持つ熱の保持力を利用して、ジワジワと熱が加わっていく。

❺ 弱火で約20分が目安

弱火にしてから約20分がひとつの目安。においをかいで、あの独特な炊けたにおいがしたら、火を止める。

❻ 最低15分蒸らして、完成！！

最低でも15分は蒸らすこと。この間、絶対にふたは取らない。お腹がすいていてもガマンガマン。

PART 6 とっておきの野外料理！ ダッチオーブン

さあ、ダッチオーブン料理に挑戦！
蒸す・焼く・煮る…どんなレシピもおいしくできる！

Recipe1 石焼きイモ

材料
- イモ
- 石（角が丸くて熱に強く遠赤外線効果もバッチリの「那智黒石」）

① 10インチのダッチオーブンに、石を約1kg底に敷きつめる。

② ふたをして石を熱する。

③ 熱が十分いき渡ったら、サツマイモを入れる。

④ ふたをして弱火で40〜50分。20分あたりから香ばしいにおいがただよってくる。石についている部分がこげてくるので、イモを何回かひっくり返す。竹串や爪楊枝を刺して、スッと入ればできあがり。

弱火

Recipe2 シュウマイ 中華まん

① ダッチオーブンに中敷き（網製）を置き、1/4〜1/3くらい水を入れて火にかける。

② 沸騰したら、中華まんはそのまま中敷きの上に、シュウマイはクッキングシートを敷いて、そこへ並べる。

中火　シュウマイ　中華まん

Recipe3 ローストビーフ

材料

【4人分】
- 牛もも肉　800g
- タマネギ　2個
- ジャガイモ　4個
- セロリ　1本
- ニンジン　2本
- ローリエ　少々
- 塩　少々
- 粗挽きコショウ　少々
- ニンニク　3片
- しょうゆ　お好みで

① ダッチオーブンを軽く温めておく。

② 牛もも肉にすったニンニク、塩、コショウをすり込み、10分ほどねかしておく。

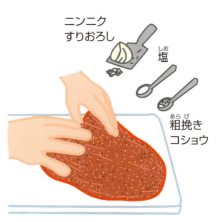

③ ダッチオーブンで肉の表面に均一に焼き色をつける。

④ 一度、肉を取り出しダッチオーブンの底に野菜を敷き、その上に肉をのせてまわりにニンジン、ジャガイモを並べる。

ローリエもね！

⑤ ふたをしてふたの上にも炭をのせ、中火で上下火加減を7:3で30分ほど加熱する。串で肉の中央部を刺し、澄んだ肉汁が出たら十分に火が通っている証拠。

上下火加減 中火

⑥

肉は15分ほど、さましてから切る。

※料理レシピによって、焼き時間は肉が800gのもので20分～40分ほど差がある。

179

PART 6　とっておきの野外料理！　ダッチオーブン

Recipe4
水なし野菜スープ　材料

【4人分】
トマト	3個
またはトマトホール缶	1缶
キャベツ	1/2個
タマネギ	1個
ベーコン	100g
ピーマン	2個
セロリ	小1本
ニンニク	1片
コンソメ	2個
塩・コショウ	少々

❶ 野菜はみじん切り、ベーコンは千切りにする。

❷ 30分ほど弱火で煮込む。

Recipe5
クレープ　材料

【4人分】
クレープ生地
クレープミックス	200g
たまご	2個
牛乳	400cc

❶ 生地の材料をダマにならないように、さっくりと混ぜる。

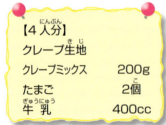

❷ ふたの裏にサラダ油を薄く敷き、お玉1杯分の生地をのせて玉の背を使い円を描くように生地をのばす。

❸ 火種は弱めにする。両面を焼く。

❹ クリーム、ジャム、フルーツなどをトッピングする。

Recipe6 パン

材料

【4人分】
- 強力粉　　　　300g
- 砂糖　　　　　25g
- 塩　　　　　　5g
- バター　　　　25g
- ドライイースト　6g
- ぬるま湯　　　190cc

① 材料を混ぜ合わせる。最低10分間、力を込めてこねる。

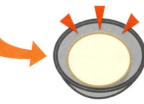

② ラップをかけて、暖かいところに40～60分おく。

1次発酵

③ 発酵すると、2倍くらいに膨らむ。

④ 予熱しておいたダッチオーブンに8等分した生地をすき間を作って入れる。40分ほど2次発酵させる。

2次発酵

⑤ 20分加熱する。

上火は中火
下火は弱火

完成。

Recipe7 ピザ

材料

【4人分】
- 強力粉　　　　100g
- 塩　　　　　　5g
- 水　　　　　　50cc
- ドライイースト　5g
- オリーブオイル　10cc
- ピザソース、チーズ、タマネギ、ピーマン、サラミ
※もしくはパン生地を使用する。

① 生地を混ぜ合わせてこねる。ラップをかけて、温かいところで30分ねかす。

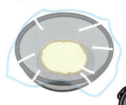

② ダッチオーブンにアルミホイルを敷き、生地を入れてピザソースを塗り、具材をのせる。

上下中火

③ ふたをして、上下から中火で15分焼く。

④ チーズが溶ければ完成。

道具のメンテナンス術

気に入ったものは、末永く使い続けたい

　活躍の場がアウトドアである以上、キャンプ道具はさまざまなトラブルにあいやすいのが実状だ。それを考慮し、しっかりしていてじょうぶな造りになってはいるものの、使用頻度が高いものは、故障などのトラブルを起こしやすくなる。道具のなかには、テントやバーナーなど高価な物も少なくない。故障のたびに新たな道具を買い足していたら、余計な出費が増えるどころか、肝心のキャンプそのものに行けなくなってしまう。

　ここはひとつ、メンテナンスやリペアの正しい判断とやり方をしっかりマスターして、あたかも道具を育てるかのようにいつまでも愛着を持って使い続けたいものである。

●テントのリペア方法

強度のある素材の採用や造りそのものががんじょうになったため、以前に比べればリペアの機会は減った。しかし、アクシデントはつきものなので、リペアの方法を一応覚えておこう。

❶ 何かに引っかけてシートが裂けた状態。放置しておくと、さらに大きくなってしまうので早急にリペアする。

❷ テント用リペアシートを裂け目より大きめにカット。はがれにくくするために、四隅の角は丸くする。そこへ専用の接着剤を塗る。ちなみに粘着シートタイプもある。

ペタペタ

❸ 裂け目の裏側からシートを貼る。このときに大切なことは、空気が入りこまないようにすること。最後にプラスチックハンマーなどで打って圧着させれば完璧。

トントン

裏地

●シュラフ（ダウン）のメンテナンス方法

❶ 浴槽にぬるま湯をためて洗剤を投入。よくかき混ぜる。洗剤はダウン専用がこの好ましいが、なければ中性洗剤でも可。全体を沈ませてから、やさしくモミ洗いをする。

ファスナーは開いておく

❷ モミ洗い後、何度か浴槽に水をためて洗剤をぬき、最後に水ですすぐ。それから平らな場所に広げて、タオルを使って水分を取っていく。

こすらず、たたかず、押し当てること

根気のいる作業が続く

❸ 完全に乾くまで、平らなところに広げて干す。

風通しがよくて日陰の場所が干すのにベスト

決してつるし干しはしないこと。ダウンのかたよりができてしまい、保温力は極端に落ちてしまう。

シュラフ（化繊）のメンテナンス方法

化繊の場合は、ダウンほど手間はかからずに、洗濯機での洗浄が可能。ただし、かさばる物だけに、コインランドリーなどの大型洗濯機を利用しよう。洗剤はもちろん中性洗剤でOK。

化繊についてはそれほど気を配る必要はないが、ダウン素材のシュラフを洗う場合は、かなり根気のいる作業になる。これは、ひとえに保温力を維持するためのものである。

●BBQグリルのメンテナンス方法

炭の高温や肉汁、味つけのための塩分やタレ等……、新品のときの容姿はどこへやら。一度でも使えば、BBQグリルの汚れと塗装焼けはすぐに錆びへと変化する。しっかりメンテしよう。

❶ 火床（炭の燃える場所）の汚れをワイヤーブラシで取る。多少細かなキズはつくが、**放っておくとさびの原因**になるため、ていねいにこすり取っていく。

❷ 網にこびりついて、消し炭状態になった食材もワイヤーブラシで落とす。網の目の断面は円形になっているので、**必ず裏表の両面から作業をする**こと。

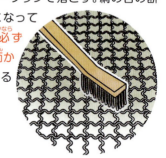

❸ 消し炭やガンコな汚れをこすり落としたら、台所用洗剤で洗う。このときスポンジは不可。**タワシの方が力強く洗えて重宝する**。

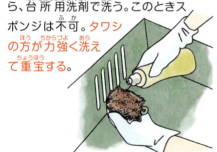

❹ 網をタワシ洗いした後、さらにひどい汚れについては、"水だけで落ちるスポンジ"を使って落とす。これは、どちらかというと、洗うというよりも磨きに近い作業になる。

❺ 全てのパーツを水で洗浄した後は、天日でよく乾燥させる。

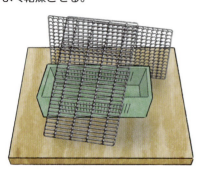

❻ 最後に錆び止め作業をする。市販の潤滑・防錆剤をまんべんなく塗り込む。こうしておけば、ワイヤーブラシのキズからのさびも抑えることができる。

布にスプレーしてから塗るようにね

●クーラーボックスの メンテナンス方法

普段はぬれ布巾で数回ふいた後、乾燥させておけばOK。しかし、使用回数が集中したときなどは、以下の方法でメンテする。雑菌やカビをやっつけるためである。

❶ 水を1/4〜1/3ほど入れたら、そこへ酢を流し入れる。防カビ剤や漂白剤を使わないのは、中のパッキンに悪影響があるだけでなく、食品の安全のためでもある。

目安としては、コップ一杯分くらい

❷ 全体をよくゆすって内部を洗う。その後、約30分ほど放置しておく。

すすいでよく乾燥させたら完了

●クッカーの メンテナンス方法

バーナーの火力調節がうまくいかなかったり、または長年使っているとクッカーの外側はススやこげ後などで真っ黒になってくる。車への積載時に他の道具にこすれると始末が悪い。

❶ ひどい汚れ用の"水だけで落ちるスポンジ"で、なるべくなら全ての汚れを落としたい。

❷ スポンジで落ちなかったひどい汚れには金ダワシを使う。ただし、磨き洗いのときに、細かなキズができることもある。

危険状況の察知とその対処方法

いかに察知して、家族を危険から守るか

キャンプ場は、自然を満喫できるとはいっても荒野や原野にあるのではなく、あくまでも人が管理している施設である。そのため、ルール違反やあまりに非常識な行動をしないかぎり、それほど危険なことはない。

キャンプ場で特に気をつけたいのは『川の増水』『雷』『竜巻』の3つ。遊んでいる場所が晴れていても川の上流で雨が降れば、必ず川は増水する。川幅20mの河川の水位が、わずか20分の間に1.5mも上昇した例もある。水が増えたり濁ったりしたら、すぐに水からあがって様子を見よう。

また、雷や竜巻については、とにかく急な天候の変化に注意すること。急に暗くなって、突然冷たい風(強風)が吹いたり風向きが変わったりしたら、それは近くに上昇気流が発生して大気が不安定になった証。そこから雷雲などができる可能性は高い。まずそれらをいち早く察知し、せまり来る危険から避難することが家族を守るための大切な一歩である。

キャンプでラジオを最高のBGMとして愛聴するキャンパーは多い。しかし、ラジオの役割はそれだけではない。周波数をAM帯域に合わせておけば、雷のときに発生するホワイトノイズを聞くことができる。「ガリガリッ」と聞こえたら、避難行動を速やかに始めよう。

●川の危険の予兆

雨が降りだしたら川から上がること。また、降っていなくても水が増水してきたり、濁りだしたら注意。上流で雨が降っている場合が多い。

増水
濁り

●雷や竜巻の予兆と避難

急に黒雲が空を覆う

突然の冷たい強風または風向きが変わる

雷のときの避難

○ 車のなか

絶縁性のある車のなかは安全。ただしハンドルやラジオなどには、一応触れずにいよう。

× 木の下

雷はより高いものに落ちる性質がある。木の近くにいると、側撃雷（落雷したものを伝ってさらに放電された雷）の可能性があって、とても危険。

竜巻のときの避難

○ 頑丈な建物（管理人さんに聞く）

キャンプ場では、管理棟などがこれにあてはまる。窓や空気の吹きぬける所に身はおかないこと。

× 車のなか

車ごと吹き飛ばされてしまうため危険。

ファースト・エイド

突然のアクシデントに、医薬品の準備と応急処置の知識は万全にしておく

　キャンプ中、避けたいのがケガや病気などのトラブル。なるべくなら危険回避に注意して未然に防ぎたいものだが、遊びの楽園のような場所なので大なり小なりのアクシデントはつきものである。

　何があっても対処できるように、医薬品の準備や応急処置の知識などを万全にしておこう。キャンプ場でもっとも起こしやすいアクシデントは、189ページにあげたものが主だ。なかには重度となると、生死にかかわる恐い病気もある。応急処置後は、自己判断せずに必ず医師の診断を受けよう。

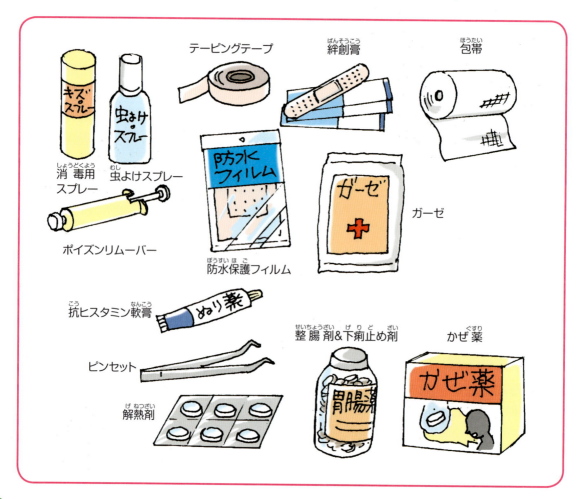

熱中症

体内にたまった熱を排出できなくなることが原因。風通しのよい木陰に寝かせて衣類を緩ませ、頭を冷やす。このときにぬれタオルで風を送ったりする。意識のあるときは、冷水やスポーツドリンクを飲ませる。意識のないときは、大至急、医師の診断を受けること。

腹痛のときもこのポーズで休ませる。

すり傷

まず流水で患部の汚れを洗い流す。それから消毒液で傷口を十分消毒して清潔にし、専用の軟膏や絆創膏を貼る。

やけど

とにかく初期の処置が大事。できれば流水で患部を、それも痛みなどの感覚がなくなるくらいひたすら冷やす。それから医師の処置を受ける。

服のうえから熱湯や油がかかったらそのまま冷やす

打撲

ほとんどの場合、患部で内出血を起こしているので、直接の冷水か、それに浸したタオルでよく冷やす。この処置を怠ると、痛みは残りやすい。

病院へ…

治ったと思っても自己判断は禁物。一応は病院へ行って医師の診察を受けよう。

危険動物について

大切なことは、危険動物の習性と、もしものときの危険度を知っておくこと。

🟢 山

マムシ 注 （応急処置の方法A）

毒ヘビにはマムシの他にヤマカガシとハブがいる。ハブ以外はこちらから刺激しないかぎりは襲ってこない。噛まれたら救急車を呼ぶなどして、迅速に病院に行くこと。

チャドクガ （応急処置の方法BとD）

チャノキやツバキ、サザンカなどに多く発生。毛に毒があり、幼虫や成虫、脱皮後の蛹のカラにもある。

スズメバチ 注 （応急処置の方法A）

刺されるとアナフィラキシーショックを起こす場合があり、とても危険。"カチカチ"というアゴを鳴らす威嚇音が聞こえたら、静かにその場を離れること。黄色はハチの好む色、黒は攻撃される色。夏の終わりから秋がもっとも危険。

アブ （応急処置の方法CとD）

とにかく刺されないための予防が大事。Cのような虫除け対策は万全にしておく。

ヤマウルシ （応急処置の方法D）

他にツタウルシ、ノウルシ、ハゼノキなど。発症には個人差があり、なかにはこれらの木の下を歩いただけでかぶれる場合がある。

ヤマビル （応急処置の方法D）

近年、大量繁殖の報告が相次いでいるヤマビル。噛まれたら傷口を消毒してDの処置をする。

応急治療の方法

A ハチなどに刺されたら、ポイズンリムーバーを使う。患部に当てて吸引し、毒針や毒をぬき取る。これは毒ヘビに噛まれたときにも使える。

B チャドクガなどの毒毛に刺されたときの対処方法。刺された患部は決してこすらないこと。ガムテープを使ってはがすようにぬいていく。

海

ガンガゼ 注
ウニの一種で、磯の潮だまりなどにいる。さわったり踏んだりすると刺される。毒は猛烈に痛く、トゲは折れやすくてぬきにくいために細菌感染の恐れもある。医師に診てもらうこと。

アンドンクラゲ（応急処置の方法D）
刺されるとみみず腫れになる。痛みの原因である刺胞を海水などで洗い、酢で毒を中和した後、Dの処置をしておく。

ヒレに毒のある魚 注

アイゴ　**ハオコゼ**

ゴンズイ

この魚たちはみな背ビレのトゲに毒があり、刺されると猛烈に痛い。海では知らない魚を見つけても、むやみやたらに触れないこと。

カツオノエボシ 注
アンドンクラゲと同じくお盆過ぎから急に数が増えてくる。治療はアンドンクラゲと同じだが、こちらは毒性がとても強いので、速やかに医療機関に診てもらうこと。

C アブやブヨなどは、とにかく刺されないための対策が重要。虫除けスプレーをしっかり肌に塗りこんでおく。図のように一度手の平に散布してから塗り込むようにする。

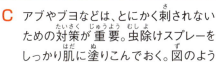

D 虫刺され、かぶれ、毒クラゲなどは消毒などの処置を施した後、抗ヒスタミン剤や副腎皮質ホルモン含有軟膏を塗っておく。

※ABCDは初期治療の方法。注は噛まれるまたは刺されないための注意が必要な場合と生命の危険のあるものを示す

監修者プロフィール：赤井賢一（あかいけんいち）

1970年（昭和45年）神奈川県生まれ。スタジオアシスタントを経てカメラマンに。写真専門学校在学中より河原でのキャンプをはじめ、卒業と同時に本格的なアウトドア開始。専門は車を使ってのキャンパーで、その手の雑誌などで多くの取材経験を持つ。もっかの楽しみは、毎年かかさず行っている家族での夏の北海道キャンプ。愛車"デリカ"を駆って、のんびり車中泊が楽しいらしい。
キャンプ歴はおよそ20年。特にオリジナリティあふれるダッチオーブン料理の評判は高い。野外料理のエキスパート。
また、煙火打上従事消費保安免許（いうなれば、打ち上げ花火師）を取得、という意外な一面も。
現在、一児のパパ。

- ■監修　　　　　　　　赤井賢一
- ■執筆・構成　　　　　上田 歩
- ■カバーデザイン　　　玉川布美子
- ■アートディレクション　秋葉勇人デザイン室
- ■本文デザイン・DTP　温水久夫（PACE Design Office）
- ■イラスト　　　　　　北澤良枝　藤田侑巳　松島ひろし　もりなをこ
- ■編集　　　　　　　　ビーアンドエス

家族・親子アウトドア・キャンプ入門

監　修　　赤井賢一
編　集　　ビーアンドエス
発行者　　田仲豊徳
印刷・製本　大村印刷株式会社
発行所　　株式会社滋慶出版／土屋書店
　　　　　東京都渋谷区神宮前3-42-11
　　　　　TEL.03-5775-4471　FAX.03-3479-2737
　　　　　http://www.tuchiyago.co.jp　E-mail:shop@tuchiyago.co.jp

©Jikei Shuppan Printed in Japan　　　　　落丁・乱丁は当社にてお取替えいたします。

本書内容の一部あるいはすべてを、許可なく複製（コピー）したり、スキャンおよびデジタル化等のデータファイル化することは、著作権法上での例外を除いて禁じられています。また、本書を代行業者等の第三者に依頼して電子データ化・電子書籍化することは、たとえ個人や家庭内での利用であっても、一切認められませんのでご留意ください。

この本に関するお問合せは、書名・氏名・連絡先を明記のうえ、上記のFAXまたはメールアドレスへお寄せください。なお、電話でのご質問はご遠慮くださいませ。またご質問内容につきましては「本書の正誤に関するお問合せ」のみとさせていただきます。あらかじめご了承ください。